La diferencia entre aprobar y sacar plaza

Limpiador/a

SERVICIO MADRILEÑO DE SALUD

Si aún no dispones de tu **Curso MAD360**, te ofrecemos un acceso GRATIS de 30 días para que disfrutes de los siguientes recursos:

- Técnicas de Memoria 360.
- MADTEST: Test *online* Nivel PRO.
- Temario en formato digital.
- Vídeos.
- Planificación de estudio.
- Foro entre opositores hasta la fecha del examen.*
- Recursos y novedades exclusivas.
- Consúltanos sobre tu oposición y proceso selectivo.
- Actualizaciones legislativas (Boletines Oficiales) hasta 60 días antes de la fecha del examen.*

Para acceder a esta prueba del Curso MAD360** será necesaria la compra de todos los libros para esta especialidad de la edición 2025.

Regístrate en **mad.es/iniciar-sesion** y en la pestaña MIS CURSOS valida los códigos que encuentras en la última página de tus libros.

NOTA IMPORTANTE:

* Examen de esta categoría profesional correspondiente a la convocatoria publicada en el BOCM n.º 158, de 4 de julio de 2025, o hasta el 31 de agosto de 2026, lo que se cumpla antes, y previa renovación del servicio.

** El acceso al CURSO MAD360 estará disponible desde agosto de 2025 (algunos recursos podrían estar disponibles en fecha posterior). Tendrá una duración de 30 días RENOVABLES mediante pago, desde la validación de códigos, o hasta el 28 de febrero de 2027, lo que se cumpla antes.

MAD se reserva el derecho a ampliar dichas fechas.

Limpiador/a del Servicio Madrileño de Salud

Septiembre 2025

0213-01X-0-0-0925

Limpiador/a del Servicio Madrileño de Salud

Test del temario

Autores

FRANCISCO JESÚS TORRES FONSECA
Licenciado en Derecho

DOMINGO GÓMEZ MARTÍNEZ
Licenciado en Derecho
Técnico de Función Administrativa

ELENA GARCÍA FERNÁNDEZ
Licenciada en Derecho

© 7 Editores Recursos para la Cualificación Profesional y el Empleo, S.L. (7 Editores)
© Los autores
Primera edición, septiembre 2025 (114 páginas)
Derechos de edición reservados a favor de 7 Editores
IMPRESO EN ESPAÑA
Diseño Portada: 7 Editores
Edita: 7 Editores
Avda. San Francisco Javier, 9 · Edificio Sevilla 2 · Planta 11 · Módulos 25-27 · 41018 Sevilla
Teléfono: 954 784 411 · WEB: www.mad.es · e-mail: administracion@7editores.com
ISBN: 978-84-142-9920-3
© "Editorial Mad" y "Eduforma" son nombres comerciales registrados de
7 Editores Recursos para la Cualificación Profesional y el Empleo, S.L.

Índice

PARTE ESPECÍFICA

PARTE COMÚN

TEST N.º 1

El derecho a la protección de la salud en la Constitución Española de 1978. El Estatuto de Autonomía de la Comunidad de Madrid. La Asamblea, el Presidente y el Gobierno. La Administración autonómica: organización y estructura básica de las Consejerías

1. ¿En qué Título y Capítulo de la Constitución Española se regula el derecho a la protección de la salud?

a) Capítulo II Título I.
b) Capítulo V Título II.
c) Capítulo I Título I.
d) Capítulo III Título I.

2. El Presidente de la Comunidad de Madrid es elegido de entre sus miembros por la Asamblea y nombrado por el Rey, mediante:

a) Ley.
b) Orden Ministerial.
c) Real Decreto.
d) Decreto Ley.

3. El Presidente, por razón de su cargo, tiene derecho a recibir el tratamiento de:

a) Señoría.
b) Excelencia.
c) Ilustrísimo.
d) Señor.

4. El Presidente de la Comunidad de Madrid tiene derecho a percibir, con cargo a los Presupuestos Generales de la Comunidad Autónoma, los sueldos y retribuciones que en los mismos se determinen y cuya cuantía no podrá ser superior a la asignada:

a) Al cargo de Secretario de Estado del Gobierno de la Nación en los Presupuestos General del Estado.
b) Al cargo de Consejero en los Presupuestos General del Estado.

c) Al cargo de Diputado en los Presupuestos General del Estado.
d) Al cargo de Ministro en los Presupuestos General del Estado.

5. ¿El cargo de Presidente de la Comunidad de Madrid es compatible con el ejercicio de cualquier otra función o actividad pública que no derive de aquel?

a) Sí.
b) No.
c) Solo con el de Diputado de la Asamblea.
d) Solo con el de Consejero.

6. El cargo de Presidente de la Comunidad de Madrid, ¿es compatible con el ejercicio de toda actividad laboral, profesional o empresarial?

a) Sí puesto que no se contempla ninguna compatibilidad.
b) No, en ningún caso.
c) Solo con algunas actividades laborales.
d) Solo con algunas actividades profesionales.

7. Como supremo representante de la Comunidad Autónoma, corresponde al Presidente de la Comunidad:

a) Ostentar la alta representación de dicha Comunidad en las relaciones con las demás Instituciones del Estado y sus Administraciones.
b) Firmar los convenios y acuerdos de cooperación que en virtud del artículo 32 del Estatuto de Autonomía se celebren o establezcan con otras Comunidades Autónomas.
c) Convocar elecciones a la Asamblea de Madrid en los términos señalados en el artículo 11 del Estatuto de Autonomía.
d) Todas son correctas.

8. ¿A quién corresponde aprobar el Proyecto del Presupuesto anual de la Comunidad y presentarlo a la aprobación de la Asamblea, de acuerdo con lo establecido en el artículo 61 del Estatuto de Autonomía?

a) Al Presidente.
b) Al Consejo de Gobierno.
c) Al Vicepresidente.
d) A la Asamblea.

9. No corresponde al Presidente de la Comunidad de Madrid:

a) Acordar la petición de sesión extraordinaria de la Asamblea.
b) Nombrar y separar de su cargo a los Consejeros.

c) Asegurar la coordinación entre las distintas Consejerías y resolver los conflictos de competencias entre las mismas.

d) Velar por el cumplimiento de los Acuerdos del Consejo de Gobierno y de las Comisiones Delegadas.

10. Señala la respuesta incorrecta:

a) El Presidente, por razón de su cargo, tiene derecho a recibir el tratamiento de excelencia.

b) Corresponde al Presidente ordenar la publicación en el «Boletín Oficial de la Comunidad de Madrid» del nombramiento de Presidente del Tribunal Superior de Justicia de Madrid.

c) El Presidente podrá delegar funciones ejecutivas y de representación propias, en los Vicepresidentes.

d) Los miembros del Gabinete del Presidente no cesan al cesar este.

11. En su condición de representante ordinario del Estado en la Comunidad Autónoma, corresponde al Presidente promulgar, en nombre del Rey, las Leyes de la Asamblea y los Decretos legislativos, y ordenar su publicación en el «Boletín Oficial de la Comunidad de Madrid», en el plazo máximo de:

a) Siete días desde su aprobación.

b) Quince días desde su aprobación.

c) Veinte días desde su aprobación.

d) Un mes desde su aprobación.

12. Establecer las directrices generales de la acción del gobierno y asegurar su continuidad corresponde:

a) Al Presidente.

b) Al Consejo de Gobierno.

c) Al Vicepresidente.

d) A la Asamblea.

13. Aprobar los Reglamentos Generales de los tributos propios de la Comunidad de Madrid y elaborar las normas reglamentarias precisas para gestionar los impuestos estatales cedidos de acuerdo con los términos de dicha cesión, corresponde:

a) Al Presidente.

b) Al Consejo de Gobierno.

c) Al Vicepresidente.

d) A la Asamblea.

14. El Presidente podrá delegar funciones ejecutivas y de representación propias, en:

a) Los Vicepresidentes.
b) Los Vicepresidentes y demás miembros del Consejo de Gobierno.
c) Los Consejeros.
d) No puede delegar ese tipo de funciones.

15. En el Gabinete del Presidente se integran los asesores del Presidente, en número determinado por este, y no superior a:

a) Tres.
b) Cinco.
c) Seis.
d) Siete.

16. El Presidente no podrá delegar la siguiente atribución:

a) Nombrar y separar de su cargo a los Consejeros y, en su caso, al Vicepresidente o Vicepresidentes.
b) Establecer las directrices generales de la acción del gobierno y asegurar su continuidad.
c) Asegurar la coordinación entre las distintas Consejerías y resolver los conflictos de competencias entre las mismas.
d) No puede delegar ninguna de las anteriores atribuciones.

17. Señala la respuesta incorrecta:

a) El Jefe del Gabinete del Presidente tiene nivel orgánico de Director General.
b) Los miembros del Gabinete del Presidente podrán ocupar puestos de trabajo reservados a funcionarios.
c) El Jefe del Gabinete del Presidente será nombrado por Decreto del Consejo de Gobierno, a propuesta de su Presidente.
d) El Jefe del Gabinete del Presidente será cesado, en su caso, por Decreto del Consejo de Gobierno, a propuesta de su Presidente.

18. Precisarán de la previa autorización de la Asamblea las ausencias temporales del Presidente, superiores a:

a) Siete días.
b) Quince días.
c) Un mes.
d) Dos meses.

19. Señala la respuesta incorrecta:

a) El Presidente en funciones podrá ser sometido a moción de censura.
b) El Presidente en funciones no podrá plantear la cuestión de confianza.

c) El Presidente podrá cesar por aprobación de una moción de censura.

d) Todas son correctas.

20. En los casos en los que el Presidente haya de ser sustituido, se seguirá el siguiente orden de prelación:

a) Los Consejeros, según su orden. Los Vicepresidentes, según el orden establecido en el artículo 19.2 de la Ley del Gobierno de la Comunidad de Madrid.

b) Los Vicepresidentes, según su orden. Los diferentes Consejeros, según el orden establecido en el artículo 19.2 de la Ley del Gobierno de la Comunidad de Madrid.

c) Los Vicepresidentes, según su orden. Los diferentes Ministros, según el orden establecido en el artículo 19.2 de la Ley del Gobierno de la Comunidad de Madrid.

d) El Presidente no puede ser sustituido.

En MADTEST tienes **más preguntas de este tema**, y todos tus avances quedan registrados y se reflejan en el ranking.

¡Supera tus límites con MADTEST!

Solución al test n.º 1

1. d) Capítulo III Título I.

2. c) Real Decreto.

3. b) Excelencia.

4. a) Al cargo de Secretario de Estado del Gobierno de la Nación en los Presupuestos General del Estado.

5. c) Solo con el de Diputado de la Asamblea.

6. b) No, en ningún caso.

7. d) Todas son correctas.

8. b) Al Consejo de Gobierno.

9. a) Acordar la petición de sesión extraordinaria de la Asamblea.

10. d) Los miembros del Gabinete del Presidente no cesan al cesar este.

11. b) Quince días desde su aprobación.

12. a) Al Presidente.

13. b) Al Consejo de Gobierno.

14. b) Los Vicepresidentes y demás miembros del Consejo de Gobierno.

15. c) Seis.

16. d) No puede delegar ninguna de las anteriores atribuciones.

17. b) Los miembros del Gabinete del Presidente podrán ocupar puestos de trabajo reservados a funcionarios.

18. c) Un mes.

19. a) El Presidente en funciones podrá ser sometido a moción de censura.

20. b) Los Vicepresidentes, según su orden. Los diferentes Consejeros, según el orden establecido en el artículo 19.2 de la Ley del Gobierno de la Comunidad de Madrid.

TEST N.º 2

La Ley 14/1986, de 25 de abril, General de Sanidad. El Sistema Nacional de Salud y los Servicios de Salud de las Comunidades Autónomas. El Área de Salud

1. La Ley General de Sanidad concibe los Planes de Salud como un instrumento de:

a) La Alta Inspección.
b) La docencia y la investigación.
c) La Coordinación general sanitaria.
d) La Sanidad exterior.

2. Las Áreas de Salud serán dirigidas por un órgano propio, donde deberán participar las Corporaciones Locales en ellas situadas, con una representación no inferior al:

a) 20 %.
b) 30 %.
c) 40 %.
d) 50 %.

3. Los Consejos de Salud de Área estarán constituidos por organizaciones sindicales más representativas, en una proporción no inferior al:

a) 25 %.
b) 30 %.
c) 40 %.
d) 50 %.

4. Entre las características fundamentales del Sistema Nacional de Salud, no se encuentra:

a) La extensión de sus servicios a toda la población.
b) La coordinación y, en su caso, la integración de todos los recursos sanitarios públicos en tres dispositivos únicos (estatal, autonómico y local).

c) La prestación de una atención integral de la salud procurando altos niveles de calidad debidamente evaluados y controlados.

d) Todas son correctas.

5. ¿En cuántos niveles organizativos se divide el sistema sanitario español?

a) Tres: central, autonómico y áreas de salud.

b) Dos: central y autonómico.

c) Central, del que derivan el autonómico y local.

d) Únicamente el central.

6. Para la delimitación de las zonas básicas no deberá tenerse en cuenta:

a) El grado de concentración o dispersión de la población.

b) Las características epidemiológicas de la zona.

c) Las instalaciones y recursos sanitarios de la zona.

d) Las distancias mínimas de las agrupaciones de población más cercanas de los servicios y el tiempo normal a invertir en su recorrido usando los medios ordinarios.

7. Las Comunidades Autónomas ejercerán, en materia de sanidad, las competencias:

a) Asumidas en sus Estatutos, exclusivamente.

b) Asumidas en sus Estatutos y las decisiones y actuaciones públicas previstas en la LGS que se hayan reservado expresamente al Estado.

c) Asumidas en sus Estatutos.

d) Las mencionadas en c) y las transferidas, o en su caso, delegadas, por el Estado, así como las decisiones y actuaciones públicas previstas en la LGS que no se hayan reservado expresamente al Estado.

8. Según la Ley General de Sanidad, las actividades que se realicen en materia de control de posibles riesgos para la salud derivados del tráfico internacional de viajeros son:

a) Competencia exclusiva del Ministerio de Asuntos Exteriores.

b) Actividades de sanidad exterior.

c) Competencia exclusiva del Ministerio de Sanidad.

d) Excluidas de la Ley General de Sanidad.

9. Entre las actuaciones en materia de Sanidad interior que contempla la Ley General de Sanidad, no se encuentra:

a) El catálogo y registro general de centros, servicios y establecimientos sanitarios.

b) La homologación de programas de formación postgraduada del personal sanitario.

c) La realización de estadísticas de interés comunitario.

d) La elaboración de informes generales sobre la salud pública y la asistencia sanitaria.

10. Según la Ley General de Sanidad, las Comunidades Autónomas ejercerán las competencias:

a) Asumidas en la Constitución.
b) Que sus Estatutos les transfieran.
c) Asumidas en sus Estatutos.
d) Que les delegue la Constitución.

11. Respecto de las Corporaciones Locales, la Ley General de Sanidad determina unas competencias:

a) Exclusivas.
b) De actuación.
c) Mínimas de los Ayuntamientos.
d) Exclusivas de los Ayuntamientos.

12. La Ley General de Sanidad fija para los Ayuntamientos, en relación al obligado cumplimiento de las normas y planes sanitarios, determinadas competencias mínimas en materia de:

a) La policía municipal.
b) La policía sanitaria mortuoria.
c) La policía local.
d) La sanidad de los cementerios.

13. Entre las competencias mínimas de los Ayuntamientos que establece la Ley General de Sanidad, en relación con el obligado cumplimiento de las normas y planes sanitarios, no se incluye:

a) Control sanitario de industrias.
b) Control sanitario de transportes.
c) Control sanitario de ruidos.
d) Control sanitario de puertos.

14. La Ley General de Sanidad determina que es competencia exclusiva del Estado:

a) Los acuerdos sanitarios internacionales.
b) Las relaciones interterritoriales.
c) La Sanidad interior.
d) La Inspección general.

15. La Ley General Sanidad determina que el Estado debe desarrollar en materia de Sanidad interior una serie de:

a) Competencias.
b) Competencias exclusivas.

c) Actuaciones.
d) Principios.

16. ¿Cuál de los siguientes términos no se corresponde con ninguno de los principios, que enumera la Ley General de Sanidad, a los que adecuarán su organización y funcionamiento los servicios sanitarios?

a) Economía.
b) Flexibilidad.
c) Celeridad.
d) Coordinación.

17. ¿Cuál es el objeto de la Ley 14/1986, de 25 de abril, General de Sanidad?

a) La regulación general de todas las acciones que permitan hacer efectivo el derecho a la protección de la salud.
b) El desarrollo de una acción global de prevención que implique a la colectividad, considerada como conjunto.
c) La puesta al día de las técnicas de intervención pública en los problemas de salud de la colectividad.
d) La cobertura de los riesgos sanitarios a través de una cuota vinculada al trabajo.

18. La competencia en la autorización de los medicamentos y de los productos sanitarios corresponde:

a) Al Ministerio de Sanidad.
b) A la Agencia Española de Medicamentos y Productos Sanitarios.
c) A la Dirección General de Medicamentos y Productos Sanitarios.
d) Al Gobierno, mediante Real Decreto.

19. Con relación con los Consejos de Salud de Área no es cierto que:

a) Están constituidos por la representación de los ciudadanos a través de las Corporaciones Locales comprendidas en su demarcación, que supondrá el 50% de sus miembros y las organizaciones sindicales más representativas, en una proporción no inferior al 25%, a través de los profesionales sanitarios titulados.
b) Los Consejos de salud del área podrán crear órganos de participación de carácter general.
c) Entre sus competencias están las de verificar la adecuación de las actuaciones en el área de salud a las normas y directrices de la política sanitaria y económica.
d) Conocer e informar el anteproyecto del Plan de Salud del área y de sus adaptaciones anuales, forma parte de sus competencias.

20. Los órganos colegiados de participación comunitaria para la consulta y el seguimiento de la gestión, en los que participaran las organizaciones empresariales y sindicales, se denominan:

a) Consejos de Salud de Área.
b) Consejos de Dirección de Área.
c) Gerencia de Área.
d) Consejo de Participación del Área.

Solución al test n.º 2

1. c) La Coordinación general sanitaria.

2. c) 40 %.

3. a) 25 %.

4. b) La coordinación y, en su caso, la integración de todos los recursos sanitarios públicos en tres dispositivos únicos (estatal, autonómico y local).

5. a) Tres: central, autonómico y áreas de salud.

6. d) Las distancias mínimas de las agrupaciones de población más cercanas de los servicios y el tiempo normal a invertir en su recorrido usando los medios ordinarios.

7. d) Las mencionadas en c) y las transferidas, o en su caso, delegadas, por el Estado, así como las decisiones y actuaciones públicas previstas en la LGS que no se hayan reservado expresamente al Estado.

8. b) Actividades de sanidad exterior.

9. c) La realización de estadísticas de interés comunitario.

10. c) Asumidas en sus Estatutos.

11. c) Mínimas de los Ayuntamientos.

12. b) La policía sanitaria mortuoria.

13. d) Control sanitario de puertos.

14. a) Los acuerdos sanitarios internacionales.

15. c) Actuaciones.

16. d) Coordinación.

17. a) La regulación general de todas las acciones que permitan hacer efectivo el derecho a la protección de la salud.

18. b) A la Agencia Española de Medicamentos y Productos Sanitarios.

19. b) Los Consejos de salud del área podrán crear órganos de participación de carácter general.

20. a) Consejos de Salud de Área.

TEST N.º 3

La Ley 14/1986, de 25 de abril, General de Sanidad. Las modalidades de la asistencia sanitaria. La Atención Primaria de la Salud, Equipos de Atención Primaria, el centro de salud. La asistencia hospitalaria. El área sanitaria. Los hospitales y los centros de especialidades

1. ¿Qué artículo de Ley General de Sanidad determina que serán las Comunidades Autónomas las que delimiten y constituyan en su territorio demarcaciones territoriales denominadas Áreas de Salud, en las que se organice un sistema sanitario coordinado e integral?

a) El art. 46.
b) El art. 49.
c) El art. 54.
d) El art. 56.

2. Con la finalidad de alcanzar la máxima operatividad y eficacia en la organización y funcionamiento del Sistema Sanitario Público a nivel primario, cada Área de Salud se divide territorialmente en:

a) Zonas Básicas de Salud.
b) Áreas de Salud.
c) Distritos Sanitarios Básicos.
d) Departamentos Sanitarios Elementales.

3. La delimitación del marco territorial que abarcará cada Zona de Salud se hará teniendo en cuenta criterios demográficos, geográficos y sociales, y será llevada a cabo por:

a) El Ministerio de Sanidad.
b) Las Comunidades Autónomas.
c) Las Corporaciones Locales.
d) El Estado por medio de la Secretaría General de Salud.

4. Como norma general, la Zona Básica de Salud abarcará a una población comprendida entre:

a) Los dos mil y los quince mil habitantes.
b) Los tres mil y los veinte mil habitantes.
c) Los cinco mil y los veinticinco mil habitantes.
d) Los diez mil y los treinta mil habitantes.

5. ¿Cuál de los siguientes factores no habrá de tenerse en cuenta en la delimitación de las zonas básicas, según dispone el art. 62 LGS?

a) El grado de concentración o dispersión de la población.
b) Las instalaciones y recursos sanitarios de la Zona.
c) La edad media de la población de la Zona.
d) Las isocronas o las distancias máximas de las agrupaciones de población más alejadas de los servicios y el tiempo normal a invertir en su recorrido usando los medios ordinarios.

6. ¿Cómo se denomina al conjunto de profesionales sanitarios y no sanitarios cuyo ámbito territorial principal de actuación es la Zona Básica de Salud y con localización física principal en el Centro de Salud?

a) Equipo de Atención Primaria.
b) Personal Básico Sanitario.
c) Equipo Básico de Salud.
d) Grupo de Atención Primaria.

7. Según el artículo 51.2 de la Ley 14/1986, de 25 de abril, General de Sanidad, la competencia de ordenación territorial de los servicios sanitarios la ostenta/n:

a) El Estado.
b) Las Comunidades Autónomas.
c) Las Corporaciones Locales.
d) La Unión Europea.

8. El Decreto 52/2010 configura como estructura clave de la Atención Primaria:

a) A los centros de salud.
b) A la zona básica de salud.
c) Al área de salud.
d) A los hospitales.

9. Las estructuras básicas sanitarias y directivas de Atención Primaria en la Comunidad de Madrid se enmarcan:

a) En varias zonas de salud por razón del territorio.
b) En diversas áreas de salud repartidas por población.

c) En el área única de salud.
d) En tres áreas adjuntas de salud.

10. Las estructuras básicas sanitarias de Atención Primaria de la Comunidad de Madrid son:

a) El Área de salud y la zona básica de salud.
b) El Área de Salud, la zona básica de salud y el centro de salud.
c) El Área de salud y el centro de salud.
d) La zona básica de salud y el centro de salud.

11. La zona básica de salud de la Comunidad de Madrid es:

a) El órgano de dirección de la estructura organizativa de los servicios sanitarios.
b) La estructura fundamental del sistema sanitario, responsabilizada de la gestión unitaria de los centros y establecimientos en su demarcación territorial y de las prestaciones sanitarias y programas sanitarios a desarrollar por ellos.
c) El marco territorial de la Atención Primaria donde desarrolla su actividad sanitaria el centro de salud.
d) La estructura física de consultas y servicios asistenciales personales correspondientes a la población en que se ubica.

12. Conforme al Decreto 52/2010, la estructura física y funcional donde los profesionales desarrollan de forma integrada todas las actividades encaminadas a la promoción, prevención, asistencia y rehabilitación de la salud, se denomina:

a) Área de salud.
b) Centro de salud.
c) Zona básica de salud.
d) Hospital.

13. El órgano de dirección de Atención Primaria dentro del área única de salud de la Comunidad de Madrid es:

a) El Consejo de Dirección.
b) La Gerencia.
c) El Consejo de Salud.
d) El Comité de Salud.

14. El Director General de Atención Primaria de la Comunidad de Madrid:

a) Ostenta el cargo de Gerente de Atención Primaria.
b) Se corresponde con el Director del centro de salud de mayor población.
c) Se trata de un titular de una de las Gerencias Adjuntas de Atención Primaria.
d) Ninguna de las anteriores respuestas es cierta.

15. ¿Cuál de las siguientes Gerencias Adjuntas de Atención Primaria de la Comunidad de Madrid no existe?

a) Gerencia Adjunta de Asistencia Sanitaria.
b) Gerencia Adjunta de Planificación y Calidad.
c) Gerencia Adjunta de Gestión y Servicios Generales.
d) Gerencia Adjunta de Servicios Públicos Sanitarios.

16. Según el Decreto 52/2010, la organización, coordinación y supervisión de la actividad asistencial de los centros de salud, de acuerdo con las directrices establecidas por el Servicio Madrileño de Salud, corresponde a la:

a) Gerencia Adjunta de Servicios Públicos Sanitarios.
b) Gerencia Adjunta de Gestión y Servicios Generales.
c) Gerencia Adjunta de Planificación y Calidad.
d) Gerencia Adjunta de Asistencia Sanitaria.

17. La gestión de los recursos humanos y económicos de los centros de salud, de conformidad con las directrices establecidas por el Servicio Madrileño de Salud, se atribuye a:

a) Gerencia Adjunta de Gestión y Servicios Generales.
b) Gerencia Adjunta de Asistencia Sanitaria.
c) Gerencia Adjunta de Planificación y Calidad.
d) Gerencia Adjunta de Servicios Públicos Sanitarios.

18. La dirección de cada centro de salud del Servicio Madrileño de Salud la ostentará:

a) Un profesional sanitario.
b) Un funcionario de la Administración sanitaria.
c) Un licenciado en Medicina y Cirugía.
d) Un profesional con título de licenciado.

19. La competencia para el diseño y desarrollo de los procesos asistenciales, así como el despliegue de la estrategia de calidad y seguridad del paciente, de acuerdo con las directrices del Servicio Madrileño de Salud, se otorga a:

a) Gerencia Adjunta de Asistencia Sanitaria.
b) Gerencia Adjunta de Planificación y Calidad.
c) Gerencia Adjunta de Gestión y Servicios Generales.
d) Gerencia Adjunta de Servicios Públicos Sanitarios.

20. La organización de los profesionales y de la actividad de un centro de salud del Servicio Madrileño de Salud corresponde:

a) Al Director del centro.
b) Al Director General de Atención Primaria.
c) Al Gerente de Atención Primaria.
d) Al titular de la Gerencia Adjunta de Asistencia Sanitaria.

En MADTEST tienes **más preguntas de este tema**, y todos tus avances quedan registrados y se reflejan en el ranking.

¡Supera tus límites con MADTEST!

Solución al test n.º 3

1. d) El art. 56.

2. a) Zonas Básicas de Salud.

3. b) Las Comunidades Autónomas.

4. c) Los cinco mil y los veinticinco mil habitantes.

5. c) La edad media de la población de la Zona.

6. a) Equipo de Atención Primaria.

7. b) Las Comunidades Autónomas.

8. a) A los centros de salud.

9. c) En el área única de salud.

10. d) La zona básica de salud y el centro de salud.

11. c) El marco territorial de la Atención Primaria donde desarrolla su actividad sanitaria el centro de salud.

12. b) Centro de salud.

13. b) La Gerencia.

14. a) Ostenta el cargo de Gerente de Atención Primaria.

15. d) Gerencia Adjunta de Servicios Públicos Sanitarios.

16. d) Gerencia Adjunta de Asistencia Sanitaria.

17. a) Gerencia Adjunta de Gestión y Servicios Generales.

18. c) Un licenciado en Medicina y Cirugía.

19. b) Gerencia Adjunta de Planificación y Calidad.

20. a) Al Director del centro.

Ley 12/2001, de 21 de diciembre de Ordenación Sanitaria de la Comunidad de Madrid. Derechos y deberes de los ciudadanos

1. Indique la opción correcta sobre la Ley de Ordenación Sanitaria de la Comunidad de Madrid:

a) No contiene preámbulo.
b) Ningún Título se divide en Capítulos.
c) Se publicó en el BOCM el 26 de diciembre de 2001.
d) Todas son correctas.

2. ¿A qué órgano le corresponde la aprobación de la estructura orgánica de la Consejería de Sanidad?

a) A la Asamblea de la Comunidad de Madrid.
b) Al Consejo de Gobierno de la Comunidad de Madrid.
c) A la propia Consejería de Sanidad.
d) Ninguna es correcta.

3. La aprobación del Plan de Salud es competencia de:

a) La Consejería de Sanidad.
b) El Consejo de Gobierno.
c) La Asamblea.
d) Ninguna es correcta.

4. La protección de la salud, la ordenación y la organización del Sistema Sanitario de la Comunidad de Madrid, se ajustarán a los siguientes principios. Indique la opción incorrecta:

a) Orientación del Sistema a los ciudadanos, estableciendo los instrumentos necesarios para el ejercicio de sus derechos, reconocidos en esta Ley, especialmente, la equidad en el acceso y la libre elección.
b) Concepción integral de nuestro Sistema Sanitario, incluyendo la promoción de la salud, la educación sanitaria, la prevención, la asistencia en caso de enfermedad, la rehabilitación, la investigación y la formación sanitaria.

c) Concepción integrada del Sistema Sanitario de la Comunidad de Madrid, incluyendo todos los dispositivos sanitarios con independencia de su titularidad.

d) Universalización de los servicios sanitarios de carácter individual exclusivamente para las personas residentes en la Comunidad de Madrid, en todo caso, en la forma y condiciones previstas en la legislación general que resulte de aplicación, atendiendo a los principios de igualdad y solidaridad y equidad en el acceso.

5. La Red Sanitaria Única de Utilización Pública integrada por todos los proveedores sanitarios públicos dependientes de la Comunidad de Madrid y por aquellos privados o públicos que, previa acreditación y concertación, puedan prestar servicios al Sistema Público, según se establezca reglamentariamente, tiene carácter:

a) Orgánico.
b) Funcional.
c) Territorial.
d) Ninguna es correcta.

6. ¿Qué órgano es competente para nombrar y cesar al Director General del Servicio Madrileño de Salud?

a) El Consejero de Sanidad.
b) El Gobierno de la Comunidad de Madrid.
c) La Asamblea Legislativa.
d) El Presidente del Gobierno de la Comunidad de Madrid.

7. Una de las siguientes competencias no corresponde al Gobierno de la Comunidad de Madrid:

a) La aprobación de la estructura orgánica del Servicio Madrileño de la Salud, el acuerdo de constitución de organismos dependientes del mismo y de su proyecto de presupuesto.
b) La aprobación de la estructura orgánica del Instituto de Salud Pública de la Comunidad de Madrid, el acuerdo de constitución de organismos dependientes del mismo y de su proyecto de presupuesto.
c) La aprobación de la estructura orgánica de la Agencia de Formación, Investigación y Estudios Sanitarios de la Comunidad de Madrid, el acuerdo de constitución de organismos dependientes de la misma y su proyecto de presupuesto.
d) La aprobación del Plan de Salud.

8. Indique cuál de las siguientes competencias, corresponde a la Consejería de Sanidad:

a) El establecimiento de normas y criterios de actuación en cuanto a la acreditación de centros y servicios.
b) El nombramiento y cese del Director General de la Agencia de Formación, Investigación y Estudios Sanitarios de la Comunidad de Madrid.
c) La aprobación de la estructura orgánica del Servicio Madrileño de la Salud, el acuerdo de constitución de organismos dependientes del mismo y de su proyecto de presupuesto.
d) Ninguna es correcta.

9. La dirección, planificación y programación del Sistema Sanitario es competencia de:

a) La Consejería de Sanidad.
b) El Gobierno de la Comunidad de Madrid.
c) El órgano competente de la Consejería de Sanidad.
d) Ninguna es correcta.

10. El dispositivo sanitario público y las prestaciones sanitarias derivadas del Sistema Nacional de Salud se financiarán con cargo a:

a) Los recursos que le puedan corresponder por la participación de la Comunidad de Madrid en los Presupuestos Generales del Estado.
b) Los rendimientos obtenidos de los fondos y tributos cedidos total o parcialmente por el Estado a la Comunidad de Madrid para fines sanitarios.
c) Los recursos no contemplados en el apartado b) anterior que le puedan ser asignados con cargo a los Presupuestos Generales de la Comunidad de Madrid.
d) Todas son correctas.

11. La aprobación del informe del Estado de Salud de la Comunidad de Madrid, es una competencia de:

a) El Gobierno.
b) La Consejería de Sanidad.
c) El Servicio Madrileño de Salud.
d) El Ministerio competente en Sanidad.

12. En lo que respecta a la Salud Laboral, la Administración de la Comunidad de Madrid:

a) Desarrollará la prevención, protección, promoción y mejora de la salud integral del trabajador.
b) Prestará la asistencia farmacéutica promoviendo su correcta y adecuada utilización.
c) Controlará y mejorará la calidad de la asistencia sanitaria en todos sus niveles.
d) Fomentará las actividades de investigación en el campo de las ciencias de la salud e innovación tecnológica.

13. Constituyen fuentes de financiación del Sistema Sanitario Público de la Comunidad de Madrid las siguientes. Indique la opción incorrecta:

a) Las partidas consignadas en los presupuestos de los Ayuntamientos de la Comunidad de Madrid que, con carácter suficiente, estén destinadas a atender el gasto que se derive del cumplimiento de las funciones y competencias sanitarias que les correspondan.
b) Las subvenciones y aportaciones voluntarias de entidades y particulares a los entes de naturaleza pública.
c) Los rendimientos obtenidos de los fondos y tributos cedidos total o parcialmente por la Comunidad de Madrid al Estado, para fines sanitarios.
d) Ninguna es correcta.

14. En relación a la Autoridad Sanitaria de la Comunidad de Madrid, indique la opción correcta:

a) Le corresponde a la Autoridad Sanitaria de la Comunidad de Madrid, en el ámbito de su competencia, la coordinación sanitaria cuyo propósito es el de vertebrar el Sistema Sanitario, integrando la diversidad de actuaciones de la sociedad civil y las distintas administraciones sanitarias, en relación con los objetivos de salud y evitando las disfunciones que puedan dificultar la funcionalidad del Sistema.

b) El Gobierno de la Comunidad de Madrid ejerce la función de Autoridad Sanitaria.

c) Será competente para autorizar productos farmacéuticos y sanitarios.

d) Todas son correctas.

15. La Administración Sanitaria de la Comunidad de Madrid, a través de los recursos y medios de los que dispone el Sistema Sanitario y de los organismos competentes en cada caso, promoverá, impulsará y desarrollará las actuaciones de salud pública encaminadas a garantizar los derechos de protección de la salud de la población de la Comunidad de Madrid, desde una perspectiva comunitaria, con especial énfasis en:

a) La atención integral de la salud en todos los ámbitos asistenciales, así como las actuaciones sanitarias que sean necesarias como apoyo a la atención sociosanitaria.

b) La atención integrada de salud mental potenciando los recursos asistenciales en el ámbito ambulatorio, los sistemas de hospitalización parcial, la atención domiciliaria, la rehabilitación psicosocial en coordinación con los servicios sociales, y realizándose las hospitalizaciones psiquiátricas, cuando se requiera, en unidades psiquiátricas hospitalarias.

c) La asistencia sanitaria a las emergencias, catástrofes y urgencias en la Comunidad de Madrid.

d) La vigilancia en salud pública y la difusión de la información epidemiológica general y específica para fomentar el conocimiento detallado de los problemas de salud.

16. En lo que respecta a la Salud Laboral la Administración de la Comunidad de Madrid:

a) Promoverá actuaciones en materia de Salud Laboral, en el marco de lo dispuesto en la legislación vigente.

b) Desarrollará la prevención, protección, promoción y mejora de la salud integral del trabajador.

c) Será competencia de la Consejería de Sanidad de la Comunidad de Madrid, el desarrollo como mínimo de la promoción general de la salud integral de la población incluida la relacionada con el ámbito laboral.

d) Todas son correctas.

17. ¿Qué competencias ejercerán las Corporaciones Locales, según indica la Ley 12/2001?

a) Control sanitario y salubridad.

b) Vacunación.

c) Control farmacéutico.
d) Ninguna es correcta.

18. ¿Qué recurso se puede interponer contra los actos administrativos de la Consejería de Sanidad de la Comunidad de Madrid?

a) Únicamente el recurso contencioso-administrativo.
b) Exclusivamente el recurso potestativo de reposición.
c) El recurso de alzada, en todo caso.
d) Los recursos que correspondan en los mismos casos, plazos y formas previstos en la Ley de Procedimiento Administrativo.

19. El dispositivo sanitario público y las prestaciones sanitarias derivadas del Sistema Nacional de Salud se financiarán con cargo a:

a) Los recursos que le puedan corresponder por la participación de la Comunidad de Madrid en los Presupuestos municipales.
b) Los rendimientos obtenidos de los fondos y tributos cedidos total o parcialmente por el Estado a la Comunidad de Madrid para fines sanitarios.
c) Las subvenciones y aportaciones voluntarias de entidades y particulares a los entes de naturaleza privada.
d) Todas son correctas.

20. Señala la opción correcta:

a) La creación del Sistema Sanitario de la Comunidad de Madrid se realiza bajo el principio de universalidad del Sistema Nacional de Salud, con el objeto de consolidar la vertebración, la equidad y la igualdad efectiva en el acceso a sus prestaciones.
b) La creación del Sistema Sanitario de la Comunidad de Madrid se realiza bajo el principio de vertebración del Sistema Nacional de Salud, con el objeto de consolidar la universalidad, la equidad y la igualdad efectiva en el acceso a sus prestaciones.
c) La creación del Sistema Sanitario de la Comunidad de Madrid se realiza bajo el principio de igualdad en el Sistema Nacional de Salud, con el objeto de consolidar la universalidad, la equidad y la no discriminación en el acceso a sus prestaciones.
d) La creación del Sistema Sanitario de la Comunidad de Madrid se realiza bajo el principio de vertebración del Sistema Nacional de Salud, con el objeto de consolidar la eficacia, la equidad y la eficiencia en el acceso a sus prestaciones.

En MADTEST tienes **más preguntas de este tema**, y todos tus avances quedan registrados y se reflejan en el ranking.

¡Supera tus límites con MADTEST!

Solución al test n.º 4

1. c) Se publicó en el BOCM el 26 de diciembre de 2001.

2. b) Al Consejo de Gobierno de la Comunidad de Madrid.

3. a) La Consejería de Sanidad.

4. d) Universalización de los servicios sanitarios de carácter individual exclusivamente para las personas residentes en la Comunidad de Madrid, en todo caso, en la forma y condiciones previstas en la legislación general que resulte de aplicación, atendiendo a los principios de igualdad y solidaridad y equidad en el acceso.

5. b) Funcional.

6. b) El Gobierno de la Comunidad de Madrid.

7. d) La aprobación del Plan de Salud.

8. a) El establecimiento de normas y criterios de actuación en cuanto a la acreditación de centros y servicios.

9. b) El Gobierno de la Comunidad de Madrid.

10. d) Todas son correctas.

11. b) La Consejería de Sanidad.

12. a) Desarrollará la prevención, protección, promoción y mejora de la salud integral del trabajador.

13. c) Los rendimientos obtenidos de los fondos y tributos cedidos total o parcialmente por la Comunidad de Madrid al Estado, para fines sanitarios.

14. a) Le corresponde a la Autoridad Sanitaria de la Comunidad de Madrid, en el ámbito de su competencia, la coordinación sanitaria cuyo propósito es el de vertebrar el Sistema Sanitario, integrando la diversidad de actuaciones de la sociedad civil y las distintas administraciones sanitarias, en relación con los objetivos de salud y evitando las disfunciones que puedan dificultar la funcionalidad del Sistema.

15. d) La vigilancia en salud pública y la difusión de la información epidemiológica general y específica para fomentar el conocimiento detallado de los problemas de salud.

16. d) Todas son correctas.

17. a) Control sanitario y salubridad.

18. d) Los recursos que correspondan en los mismos casos, plazos y formas previstos en la Ley de Procedimiento Administrativo.

19. b) Los rendimientos obtenidos de los fondos y tributos cedidos total o parcialmente por el Estado a la Comunidad de Madrid para fines sanitarios.

20. b) La creación del Sistema Sanitario de la Comunidad de Madrid se realiza bajo el principio de vertebración del Sistema Nacional de Salud, con el objeto de consolidar la universalidad, la equidad y la igualdad efectiva en el acceso a sus prestaciones.

TEST N.º 5

La ley 1/2004, de Medidas de Protección Integral contra la Violencia de Género: principios rectores, medidas de sensibilización, prevención y detección en el ámbito sanitario. Derechos de las funcionarias públicas. Ley 5/2005, de 20 de diciembre, integral contra la violencia de género de la Comunidad de Madrid. Ley Orgánica 3/2007, para la Igualdad Efectiva de Mujeres y Hombres: Objeto y ámbito de la ley. Integración del principio de igualdad en la política de salud. Modificaciones de la Ley General de Sanidad. Ley 3/2016, de 22 de julio, de protección integral contra la LGTBfobia y la discriminación por razón de orientación en identidad sexual en la Comunidad de Madrid

1. La aplicación de la Ley Orgánica 1/2004, de 28 de diciembre:

a) No supone la existencia necesariamente de convivencia entre la víctima y el agresor.
b) Supone que en algún momento anterior haya existido convivencia entre la víctima y el agresor,
c) Supone la convivencia, al menos en el momento del hecho, entre la víctima y el agresor.
d) Supone siempre la inexistencia de convivencia entre la víctima y el agresor.

2. Las medidas de protección integral de la Ley Orgánica 1/2004, de 28 de diciembre:

a) No tienen finalidad sancionadora.
b) Su finalidad es esencialmente reparadora.
c) Tienen finalldad previsora y sancionadora.
d) Tienen finalidad prioritariamente sancionadora.

3. La violencia de género a que se refiere la Ley Orgánica 1/2004, de 28 de diciembre:

a) Comprende excepcionalmente la violencia psicológica
b) Comprende la violencia psicológica siempre que vaya unida a la violencia física.

c) Excluye la violencia psicológica.

d) Incluye la violencia psicológica por sí.

4. La violencia de género a que se refiere la Ley Orgánica 1/2004, de 28 de diciembre:

a) Incluye las amenazas y las coacciones.

b) Incluye las amenazas y las coacciones solo cuando vayan acompañadas o seguidas de privación de libertad.

c) Incluye las amenazas, pero no las coacciones salvo que vayan seguidas de hechos violentos.

d) Incluye las coacciones pero no las amenazas salvo que vayan seguidas de hechos violentos.

5. La Ley Orgánica 1/2004, de 28 de diciembre tiene como objetivo establecer un sistema integral de tutela institucional:

a) Por parte de la Administración Estatal y de las Administraciones de las Comunidades Autónomas que tengan competencia sobre la materia, así como de las Entidades Locales.

b) Por parte de las Cortes y de las Asambleas Legislativas de las Comunidades Autónomas.

c) Por parte de la Administración General del Estado

d) Por parte de la Administración Estatal y de las Administraciones de las Comunidades Autónomas.

6. La LO 1/2004 tiene por objeto:

a) Actuar contra la violencia que, como manifestación de la discriminación, la situación de desigualdad y las relaciones de poder de los hombres sobre las mujeres, se ejerce sobre éstas por parte de quienes sean o hayan sido sus cónyuges o de quienes estén o hayan estado ligados a ellas por relaciones similares de afectividad, aun sin convivencia.

b) Actuar contra la violencia que, como manifestación de la discriminación, la situación de desigualdad y las relaciones de poder de los hombres sobre las mujeres, se ejerce sobre éstas por parte de quienes sean o hayan sido sus cónyuges o de quienes estén o hayan estado ligados a ellas por relaciones similares de afectividad, siempre que exista convivencia.

c) Actuar contra la violencia que, como manifestación de la discriminación, la situación de desigualdad y las relaciones de poder de los hombres sobre las mujeres, se ejerce sobre éstas por parte de quienes sean sus cónyuges o de quienes estén ligados a ellas por relaciones similares de afectividad, siempre que exista convivencia.

d) Actuar contra la violencia que, como manifestación de la discriminación, la situación de desigualdad y las relaciones de poder de los hombres sobre las mujeres, se ejerce sobre éstas por parte de quienes sean sus cónyuges o de quienes estén ligados a ellas por relaciones similares de afectividad, aun sin convivencia.

7. Conforme al artículo 2 de la LO 1/2004, un principio rector de esta ley es consagrar los derechos de las mujeres víctimas de violencia de género exigibles ante las Administraciones Públicas, y así asegurar un acceso a los servicios establecidos al efecto, rápido, transparente y:

a) Eficaz.
b) Duradero.
c) Seguro.
d) Económico.

8. Según el artículo 2 de la LO 1/2004, uno de los fines a alcanzar a través del conjunto integral de medidas articulado en esta ley es, garantizar derechos económicos para las mujeres víctimas de violencia de género:

a) Así como establecer un sistema para la más eficaz coordinación de los servicios ya existentes a nivel municipal y autonómico.
b) Para asegurar la prevención de los hechos de violencia de género.
c) Con el fin de facilitar su integración social.
d) Promoviendo la colaboración y participación de las entidades, asociaciones y organizaciones que desde la sociedad civil actúan contra la violencia de género.

9. Conforme al artículo 3 de la LO 1/2004, el Plan Nacional de Sensibilización y Prevención de la Violencia de Género debe dirigirse tanto a hombres como a mujeres desde un trabajo comunitario y:

a) Multidisciplinar.
b) Integral.
c) Complementario.
d) Intercultural.

10. Conforme al artículo 3 de la LO 1/2004, con el fin de prevenir la violencia de género, en el marco de sus competencias, los poderes públicos deben impulsar:

a) Cursos de información y sensibilización.
b) Campañas de información y sensibilización.
c) Programas de información y sensibilización.
d) Jornadas de información y sensibilización.

11. La Comisión contra la Violencia de Género del Consejo Interterritorial del Sistema Nacional de Salud estará compuesta por representantes:

a) De todos los Parlamentos autonómicos.
b) De las asociaciones y organizaciones no gubernamentales cuyo fin sea la prevención y erradicación de la violencia de género.
c) De todas las Comunidades Autónomas con competencia en la materia.
d) De todos los partidos políticos con representación parlamentaria.

12. Las ausencias o faltas de puntualidad al trabajo motivadas por la situación física o psicológica derivada de la violencia de género se considerarán:

a) Justificadas, cuando así lo determinen las autoridades judiciales.
b) Justificadas en todo caso.
c) Justificadas, cuando así lo determinen los servicios sociales de atención o servicios de salud, según proceda.
d) Faltas leves.

13. Señale la respuesta incorrecta. Según la Ley Orgánica 1/2004, de 28 de diciembre, de medidas de protección integral contra la violencia de género, las funcionarias víctimas de violencia de género tendrán derecho a:

a) La movilidad geográfica de centro de trabajo.
b) La excedencia por este motivo.
c) Acceder a la promoción interna de forma preferente.
d) La reducción o reordenación de su tiempo de trabajo.

14. La Comunidad de Madrid, en colaboración con las Corporaciones Locales, realizará un estudio sobre el impacto de la violencia de género en la Región, así como una valoración de necesidades, recursos y servicios de atención a las víctimas:

a) Semestralmente.
b) Anualmente.
c) Bianualmente.
d) Cada cuatro años.

15. Teniendo en cuenta que la Violencia de Género tiene su origen en la desigualdad entre hombres y mujeres, la atención a las víctimas en la Comunidad de Madrid se realizará desde la consideración de las causas estructurales del problema, así como de las especiales circunstancias en las que aquellas se encuentran, en virtud del principio de:

a) Asistencia integral.
b) Efectividad.
c) Integración.
d) Perspectiva de género.

16. Los pisos tutelados de la Comunidad de Madrid, tienen por objeto dispensar alojamiento y seguimiento psicosocial a las mujeres y personas a su cargo que han finalizado el proceso de atención en un Centro de Acogida y que continúan precisando de apoyo en la consecución de su autonomía personal por un tiempo máximo de:

a) 6 meses.
b) 12 meses.
c) 18 meses.
d) 2 años.

17. Los Centros de Emergencia de la Comunidad de Madrid, tienen por objeto dispensar alojamiento seguro e inmediato, así como manutención y otros gastos a las mujeres y menores a su cargo, por un tiempo máximo de:

a) 2 meses.
b) 4 meses.
c) 12 meses.
d) 18 meses.

18. En la Comunidad de Madrid, la atención psicológica y social, dirigida a las mujeres víctimas de Violencia de Género y los menores que se encuentren bajo su patria potestad, tutela, guarda o situación análoga y personas dependientes de la mujer víctima de Violencia de Género, tiene por objeto reparar el daño sufrido mediante una intervención integral y:

a) Humanitaria.
b) Especializada.
c) Colegiada.
d) Transparente.

19. ¿Cuál de las siguientes es la Ley integral contra la violencia de género de la Comunidad de Madrid?

a) Ley 5/2005, de 20 de diciembre.
b) Ley 20/2005, de 5 de diciembre.
c) Ley 15/2010, de 20 de noviembre.
d) Ley 10/2010, de 5 de noviembre.

20. En relación con el acceso de las mujeres víctimas de violencia de género a los correspondientes servicios de información y orientación jurídica de la Comunidad de Madrid, es cierto que:

a) Deberán aportar documento acreditativo de su condición de víctima.
b) Deberán prestar sus datos de identificación personal.
c) Tendrán que acudir acompañadas de un testigo.
d) Podrán conservar su anonimato.

En MADTEST tienes **más preguntas de este tema**, y todos tus avances quedan registrados y se reflejan en el ranking.

¡Supera tus límites con MADTEST!

Solución al test n.º 5

1. a) No supone la existencia necesariamente de convivencia entre la víctima y el agresor.

2. c) Tienen finalidad previsora y sancionadora.

3. d) Incluye la violencia psicológica por sí.

4. a) Incluye las amenazas y las coacciones.

5. c) Por parte de la Administración General del Estado.

6. a) Actuar contra la violencia que, como manifestación de la discriminación, la situación de desigualdad y las relaciones de poder de los hombres sobre las mujeres, se ejerce sobre éstas por parte de quienes sean o hayan sido sus cónyuges o de quienes estén o hayan estado ligados a ellas por relaciones similares de afectividad, aun sin convivencia.

7. a) Eficaz.

8. c) Con el fin de facilitar su integración social.

9. d) Intercultural.

10. b) Campañas de información y sensibilización.

11. c) De todas las Comunidades Autónomas con competencia en la materia.

12. c) Justificadas, cuando así lo determinen los servicios sociales de atención o servicios de salud, según proceda.

13. c) Acceder a la promoción interna de forma preferente.

14. c) Bianualmente.

15. d) Perspectiva de género.

16. c) 18 meses.

17. a) 2 meses.

18. b) Especializada.

19. a) Ley 5/2005, de 20 de diciembre.

20. d) Podrán conservar su anonimato.

TEST N.º 6

Ley 11/2017, de 22 de diciembre, de Buen Gobierno y Profesionalización de la Gestión de los Centros y Organizaciones Sanitarias del Servicio Madrileño de Salud

1. No es un órgano de asesoramiento y participación:

a) La Junta Técnico Asistencial.
b) Las Comisiones Técnicas Consultivas.
c) Las Comisiones de Dirección.
d) Los Consejos Territoriales de Salud.

2. ¿A quién le corresponde examinar y evaluar la actividad asistencial y su vinculación con la ejecución presupuestaria de la organización?

a) A la Comisión de Dirección.
b) A la Junta Técnico Asistencial.
c) A los Consejos Territoriales de Salud.
d) A la Junta de Gobierno.

3. La Junta de Gobierno se reunirá con carácter ordinario:

a) Al menos una vez al trimestre.
b) Al menos dos veces al mes.
c) Mensualmente.
d) Cada quince días.

4. Elaborar y elevar a la Junta de Gobierno para su aprobación y posterior remisión a la Dirección General del Servicio Madrileño de Salud, la memoria anual es competencia de:

a) La Junta Técnico Asistencial.
b) La Comisión de Dirección.
c) El personal directivo dependiente de la Dirección Gerencia o Dirección Territorial de Atención Primaria.
d) La Dirección Gerencia y la Dirección Territorial de Atención Primaria.

5. El mandato de los miembros de la Junta de Gobierno propuestos conforme al artículo 5.4.b) de la Ley 11/2017, será de:

a) Cinco años.
b) Cuatro años.
c) Tres años.
d) carácter vitalicio.

6. Las organizaciones del Servicio Madrileño de Salud contarán con personal directivo:

a) Su número y denominación dependerá de la naturaleza de la organización, de su tamaño y características específicas.
b) Por Ley se determinará la estructura marco para los diferentes tipos de organiza-ciones del Servicio Madrileño de Salud.
c) El Director General del SERMA propondrá la designación del personal directivo.
d) Todas son correctas.

7. Señala la respuesta correcta en relación a la composición de la Junta de Gobierno, que se establece como máximo:

a) Un Presidente, dos Vicepresidentes y 10 Vocales.
b) Un Presidente, un Vicepresidente y 11 Vocales.
c) Un Presidente, un Secretario y 7 Vocales.
d) Un Presidente, un Secretario y 10 Vocales.

8. ¿Cuántos Vocales de la Junta de Gobierno son propuestos por el Servicio Madrileño de Salud?

a) Ninguno.
b) Dos.
c) Cuatro.
d) Seis.

9. Entre los órganos de dirección de las organizaciones del Servicio Madrileño de Salud no se encuentra:

a) El Director Gerente.
b) El Director Territorial.
c) La Dirección Gerencia del SUMA 112.
d) Los Consejos Territoriales de Salud.

10. ¿A quién le corresponde promover la participación comunitaria en el ámbito de actuación de la Dirección Territorial de Atención Primaria?

a) Al Pleno de los Consejos Territoriales de Salud.
b) A las Comisiones Técnicas Consultivas.

c) A la Junta Técnico Asistencial.
d) Ninguna es correcta.

11. En las Direcciones Territoriales de Atención Primaria, no es una Comisión Técnica Consultiva:

a) La Comisión de Calidad y Seguridad del Paciente.
b) La Comisión de Salud Mental.
c) La Comisión de Formación e Investigación.
d) La Comisión de Evaluación de Tecnología.

12. En relación a la Comisión de Dirección es cierto que:

a) Estará presidida por el Consejero de Sanidad.
b) Le corresponde realizar el control del gasto ajustado a la actividad establecida en el contrato programa.
c) Asume la coordinación de los diferentes niveles asistenciales así como de los diversos dispositivos socio-sanitarios.
d) Ejerce el control de la ejecución y consecución de objetivos.

13. ¿A qué órgano le corresponde, aprobar con periodicidad anual el inventario y la Memoria expresiva de las actividades asistenciales, docentes e investigadoras y de la gestión económica de la organización?

a) A la Junta de Gobierno.
b) Al Director Gerente.
c) A la Comisión de Dirección.
d) A la Junta Técnico Asistencial.

14. ¿Quién preside la Junta Técnica Asistencial en los centros hospitalarios?

a) El Director Territorial.
b) El Director Gerente.
c) El Director médico.
d) Ninguna es correcta.

15. Señala la respuesta correcta sobre los Consejos Territoriales de Salud:

a) Funcionarán en Pleno y en Comisión de Coordinación.
b) Su composición se fijará por Ley.
c) Formará parte del mismo el director territorial de atención especializada.
d) Su Presidente, será el alcalde del municipio donde se ubique el hospital o Dirección Territorial de Atención Primaria.

16. La Comisión de Tejidos y Tumores es una Comisión Técnica Consultiva:

a) En los hospitales del Servicio Madrileño de Salud.
b) Es una Comisión creada si la actividad desarrollada y las características del centro hospitalario lo aconsejan.

c) Es una Comisión en las Direcciones Territoriales de Atención Primaria.
d) Ninguna es correcta.

17. Respecto a los informes, dictámenes y recomendaciones de la Junta Técnica Asistencial es cierto que:

a) Son vinculantes.
b) Las actuaciones en las que no se atienda su criterio requerirán notificación.
c) Las actuaciones en las que no se atienda su criterio requerirán motivación suficiente y adecuada.
d) Todas son correctas.

18. El SUMA 112 es:

a) Un órgano directivo unipersonal.
b) Un órgano de Dirección unipersonal.
c) Un órgano de asesoramiento y participación.
d) Ninguna es correcta.

19. Tener acceso regular al cuadro de mando de la organización sobre toda la actividad asistencial de la misma incluyendo tiempos de demora en los diversos servicios es competencia de:

a) La Comisión de Dirección.
b) La Junta Técnica Asistencial.
c) Los Consejos Territoriales de Salud.
d) La Junta de Gobierno.

20. ¿A quién debe elevar los informes que considere necesario la Junta Técnico Asistencial?

a) A ningún órgano.
b) A la Dirección Gerencia de los centros hospitalarios.
c) A la Dirección Territorial de Atención Primaria.
d) A la Junta de Gobierno y a la Comisión de Dirección.

En MADTEST tienes **más preguntas de este tema**, y todos tus avances quedan registrados y se reflejan en el ranking.

¡Supera tus límites con MADTEST!

Solución al test n.º 6

1. c) Las Comisiones de Dirección.

2. d) A la Junta de Gobierno.

3. a) Al menos una vez al trimestre.

4. d) La Dirección Gerencia y la Dirección Territorial de Atención Primaria.

5. a) Cinco años.

6. a) Su número y denominación dependerá de la naturaleza de la organización, de su tamaño y características específicas..

7. b) Un Presidente, un Vicepresidente y 11 Vocales.

8. d) Seis.

9. d) Los Consejos Territoriales de Salud.

10. a) Al Pleno de los Consejos Territoriales de Salud.

11. d) La Comisión de Evaluación de Tecnología.

12. b) Le corresponde realizar el control del gasto ajustado a la actividad establecida en el contrato programa.

13. a) A la Junta de Gobierno.

14. c) El Director médico.

15. a) Funcionarán en Pleno y en Comisión de Coordinación.

16. b) Es una Comisión creada si la actividad desarrollada y las características del centro hospitalario lo aconsejan.

17. c) Las actuaciones en las que no se atienda su criterio requerirán motivación suficiente y adecuada.

18. b) Un órgano de Dirección unipersonal.

19. b) La Junta Técnica Asistencial.

20. d) A la Junta de Gobierno y a la Comisión de Dirección.

TEST N.º 7

Ley 41/2002, de 14 de noviembre, básica reguladora de la autonomía del paciente y de derechos y obligaciones en materia de información y documentación clínica. El derecho de información sanitaria. El derecho a la intimidad. El respeto a la autonomía del paciente. La historia clínica. El consentimiento informado. La tarjeta sanitaria

1. La Ley de Autonomía del Paciente establece la obligatoriedad de obtener el consentimiento informado del paciente:

a) Solo en los casos de intervención quirúrgica.
b) Solo en los casos de aplicación de procedimientos que supongan grandes riesgos o inconvenientes de notoria repercusión negativa sobre su salud.
c) Para toda actuación en el ámbito de su salud.
d) La Ley no establece esta obligación.

2. Tal y como establece la Ley 41/2002, de Autonomía del Paciente, en caso de que el paciente no acepte el tratamiento se le propondrá que firme el alta voluntaria y si no la firma la Dirección del Centro:

a) Puede disponer el alta forzosa.
b) Firmará en su nombre el alta involuntaria.
c) Mantendrá el ingreso por periodo mínimo de cinco días naturales.
d) No está reconocida la negativa al tratamiento de los pacientes.

3. El derecho del paciente a no ser informado:

a) No está reconocido por la ley.
b) Podrá restringirse en cualquier momento.
c) Podrá restringirse cuando sea estrictamente necesario en beneficio del paciente.
d) Solo podrá ejercitarse si el paciente designa a un familiar o a otra persona a la que se le facilite la información.

4. El reconocimiento legal de que se respeten los deseos expresados anteriormente en el documento de *instrucciones previas* es una manifestación del derecho:

a) A la información sanitaria.
b) A la segunda opinión.
c) A la autonomía del paciente.
d) A la información post-mortem.

5. Indique la proposición incorrecta en relación con los requisitos del consentimiento:

a) Debe ser libre.
b) Debe ser voluntario.
c) La decisión de consentir debe anteceder a una información adecuada.
d) La persona que lo presta debe tener capacidad para conocer, comprender y querer el alcance de su decisión.

6. La Ley 41/2002, de Autonomía del paciente, establece que, como regla general, el consentimiento se manifestará en forma:

a) Verbal.
b) Escrita.
c) Documental.
d) Ante testigos.

7. Según establece la Ley 41/2002, de Autonomía del paciente, el paciente o usuario tiene derecho a decidir libremente entre las opciones clínicas disponibles después de recibir:

a) Información completa.
b) Información adecuada.
c) Información documental.
d) Información escrita.

8. La renuncia del paciente a recibir información:

a) No se reconoce por la ley.
b) Está limitada por el interés de la salud del propio paciente.
c) No está limitada por el interés de la salud de terceros.
d) Ninguna de las anteriores es correcta.

9. Según establece la Ley 41/2002, de Autonomía del paciente, ha de constar siempre por escrito:

a) La información al paciente.
b) El consentimiento informado.

c) La aceptación del tratamiento.

d) La negativa al tratamiento.

10. En la legislación sanitaria española, el consentimiento escrito del paciente:

a) Es una exigencia legal.

b) Es conveniente.

c) Es obligatorio en determinados supuestos.

d) No es necesario.

11. Según establece la Ley de Autonomía del Paciente el consentimiento se prestará por escrito en el caso de:

a) Realización de una actuación sanitaria en el paciente.

b) Aplicación en el paciente de un procedimiento no invasor.

c) Intervención quirúrgica.

d) Aplicación de procedimientos de imprevisible repercusión negativa sobre la salud del paciente.

12. Según determina la Ley 41/2002, el paciente tiene derecho a recibir un informe de alta:

a) Solo si ha existido ingreso hospitalario.

b) A la finalización del proceso asistencial.

c) En cuyo contenido mínimo habrán de figurar, entre otros, datos de información sanitaria epidemiológica.

d) Previa solicitud.

13. Existen supuestos legales en los que los facultativos pueden llevar a cabo las intervenciones clínicas indispensables en favor de la salud del paciente sin necesidad de contar con su consentimiento ni el de sus representantes o familiares. Señale uno de ellos:

a) Cuando el paciente esté incapacitado legalmente.

b) Cuando existe riesgo para la salud pública según determinen las autoridades sanitarias.

c) En caso de riesgo inmediato grave para la integridad física de otro paciente.

d) Cuando el paciente no sea capaz de tomar decisiones.

14. La Ley de Autonomía del paciente reconoce el derecho a que se respeten los deseos expresados anteriormente en el:

a) Testamento vital.

b) Documento de voluntades anticipadas.

c) Documento de instrucciones previas.

d) Documento de instrucciones preliminares.

15. No serán aplicadas las instrucciones previas:

a) Que no se hayan formalizado ante notario.

b) Que incorporen actuaciones previstas en el ordenamiento jurídico.

c) Que incorporen previsiones contrarias a la buena práctica clínica.

d) Que se correspondan exactamente con el supuesto de hecho previsto por el sujeto en el momento de emitirlas.

16. ¿Cuándo puede revocar el paciente su consentimiento?

a) Hasta 48 horas antes de llevarse a cabo la intervención que hubiese consentido.

b) En cualquier momento.

c) Cuando así lo considere oportuno el director del centro sanitario.

d) Nunca, si lo prestó por escrito.

17. ¿En cuál de los siguientes supuestos se otorgará el consentimiento por representación?

a) Cuando el paciente esté incapacitado legalmente.

b) Cuando el paciente mayor de edad no sea capaz intelectual ni emocionalmente de comprender el alcance de la intervención.

c) Cuando el paciente, aun cuando sea capaz de tomar decisiones, a criterio del médico responsable de la asistencia, considere que no es suficientemente adulto como para entender su situación.

d) Todas las respuestas son correctas.

18. ¿En qué circunstancias se puede proceder sobre el paciente sin su consentimiento?

a) En una intervención quirúrgica rutinaria.

b) En un cateterismo necesario, aunque existan otras alternativas.

c) En situaciones de riesgos para la Salud Pública.

d) En la realización de una radiografía simple como prueba complementaria.

19. ¿Cuándo se otorgará consentimiento informado por el representante del paciente?

a) Nunca.

b) Cuando éste no sea capaz de tomar decisiones por encontrarse en coma.

c) Cuando éste no sea capaz de tomar decisiones por alteración grave de su estado psíquico.

d) Son ciertas b) y c).

20. ¿Qué no es cierto o no se reconoce del documento de instrucciones previas?

a) La voluntad de una persona mayor de edad, capaz y libre.

b) La voluntad que su contenido se cumpla "a posteriori" del procedimiento quirúrgico o/y médico a seguir con el paciente que lo realiza, ante la imposibilidad que él pueda otorgar su consentimiento.

c) La voluntad del paciente ante una circunstancia física que le impida dar su consentimiento, respecto a cuidados y el tratamiento de su salud.

d) La voluntad de los familiares, del fin de su cadáver, aunque él diga lo contrario en el documento de instrucciones previas.

En MADTEST tienes **más preguntas de este tema**, y todos tus avances quedan registrados y se reflejan en el ranking.

¡Supera tus límites con MADTEST!

Solución al test n.º 7

1. c) Para toda actuación en el ámbito de su salud.

2. a) Puede disponer el alta forzosa.

3. c) Podrá restringirse cuando sea estrictamente necesario en beneficio del paciente.

4. c) A la autonomía del paciente.

5. c) La decisión de consentir debe anteceder a una información adecuada.

6. a) Verbal.

7. b) Información adecuada.

8. b) Está limitada por el interés de la salud del propio paciente.

9. d) La negativa al tratamiento.

10. c) Es obligatorio en determinados supuestos.

11. c) Intervención quirúrgica.

12. b) A la finalización del proceso asistencial.

13. d) Cuando el paciente no sea capaz de tomar decisiones.

14. c) Documento de instrucciones previas.

15. c) Que incorporen previsiones contrarias a la buena práctica clínica.

16. b) En cualquier momento.

17. a) Cuando el paciente esté incapacitado legalmente.

18. c) En situaciones de riesgos para la Salud Pública.

19. d) Son ciertas b) y c).

20. d) La voluntad de los familiares, del fin de su cadáver, aunque él diga lo contrario en el documento de instrucciones previas.

TEST N.º 8

Ley 55/2003, de 16 de diciembre del Estatuto Marco del Personal Estatutario de los Servicios de Salud: clasificación del personal. Derechos y deberes. Adquisición y pérdida de la condición de personal estatutario. Régimen disciplinario

1. La Ley 55/2003 del Estatuto Marco de Personal Estatutario de los Servicios de Salud es aplicable:

a) Al personal estatutario de los servicios de salud.
b) Al personal sanitario excluyendo al personal de gestión y servicios.
c) Al personal funcionario de las Comunidades Autónomas.
d) Al personal funcionario del Estado.

2. El personal estatutario con nombramiento expedido para el ejercicio de una profesión o especialidad sanitaria se denomina:

a) Personal sanitario.
b) Otro personal.
c) Personal de mantenimiento.
d) Personal de gestión y servicios.

3. El personal estatutario con nombramiento expedido para el desempeño de funciones de gestión o para el desempeño de profesiones u oficios que no tengan carácter sanitario se denomina:

a) Personal universitario.
b) Personal de gestión y servicios.
c) Personal directivo.
d) Personal administrativo.

4. Conforme a lo dispuesto en el artículo 2.2 de la Ley 55/2003, de 16 de diciembre, del Estatuto Marco del personal estatutario de los servicios de salud, en lo no previsto en la misma serán aplicables al personal estatutario:

a) Las disposiciones y principios generales sobre función pública de la Administración correspondiente.

b) Las disposiciones de derecho laboral, dictadas al amparo del artículo 149.1.7º de la Constitución.

c) Las disposiciones sobre función pública de la Administración del Estado, en todo caso, conforme a lo dispuesto en el artículo 149.3 de la Constitución.

d) El convenio colectivo del personal laboral al servicio de la Administración correspondiente.

5. Conforme al artículo 6.2 de la Ley 55/2003, de 16 de diciembre, del Estatuto Marco del personal estatutario de los servicios de salud, atendiendo al nivel académico del título exigido para el ingreso, el personal estatutario sanitario de formación profesional se divide en:

a) Técnicos sanitarios y Auxiliares de Enfermería.

b) Técnicos superiores y Técnicos.

c) Técnicos superiores y Técnicos de gestión.

d) Técnicos especialistas y Técnicos.

6. La categoría profesional de Celador está comprendida dentro del grupo de:

a) Personal de gestión y servicios.

b) Personal no estatutario.

c) Personal estatutario sanitario.

d) Personal estatutario de formación profesional.

7. Es personal Estatutario Sanitario:

a) El que ejerce una profesión o especialidad sanitaria.

b) El que ostenta esta condición en virtud de nombramiento expedido para el ejercicio de una profesión o especialización sanitaria.

c) El que desempeña una categoría clasificada como sanitaria.

d) Quien ejerza una profesión sanitaria sin ostentar la condición de funcionario.

8. El personal Estatutario de Gestión y Servicio se clasifica en función del título exigido para el ingreso en:

a) Personal de formación universitaria, personal de formación personal y otro personal.

b) Personal universitario, personal de formación profesional y personal subalterno.

c) Personal licenciado universitario, personal de administración y personal auxiliar.

d) Ninguna es correcta.

9. En el supuesto de existencia de plaza vacante, son estatutarios interinos los que, por razones expresamente justificadas de necesidad y urgencia, son nombrados como tales con carácter temporal para el desempeño de funciones propias de estatutarios, cuando no sea posible su cobertura por personal estatutario fijo, durante un plazo máximo de:

a) Dos años.
b) Tres años.
c) Cuatros años.
d) Seis años.

10. El incumplimiento del plazo máximo de permanencia dará lugar a una compensación económica para el personal estatutario temporal afectado, que será equivalente a:

a) Veinte días de sus retribuciones fijas por año de servicio.
b) Veinte días de su sueldo, más trienios y complemento de destino por año de servicio.
c) Veinte días de todas sus retribuciones por año de servicio.
d) Veinte días de su sueldo por año de servicio.

11. No constituye un derecho individual del personal estatutario:

a) La estabilidad en el empleo.
b) La movilidad voluntaria.
c) El descanso necesario.
d) La negociación colectiva.

12. El régimen de derechos del personal estatutario será aplicable al personal temporal:

a) En la medida en que la naturaleza del derecho lo permita.
b) En todo caso.
c) En ningún caso.
d) Solo cuando así se establezca en su nombramiento.

13. En relación con los derechos y deberes regulados en el Estatuto Marco, no se considera un derecho colectivo:

a) La huelga.
b) La actividad sindical.
c) La reunión.
d) La estabilidad en el empleo.

14. Entre los siguientes derechos que le reconoce el Estatuto Marco al personal estatutario, ¿cuál de ellos no tiene el carácter de derecho individual?

a) La estabilidad en el empleo.

b) El respeto a la dignidad e intimidad personal en el trabajo.

c) La formación continuada adecuada a la función desempeñada.

d) Disponer de servicios de prevención y de órganos representativos en materia de seguridad laboral.

15. El personal estatutario de los servicios de salud tiene el deber de:

a) Participar en la elaboración de los convenios colectivos.

b) Realizar sus funciones fuera del horario y jornada habitual.

c) Realizar actividades sindicales.

d) Respetar la Constitución, el Estatuto de Autonomía correspondiente y el resto del ordenamiento jurídico.

16. Según el Estatuto Marco del Personal Estatutario de los Servicios de Salud, ¿cuál de los siguientes es un derecho colectivo?

a) Derecho a la percepción puntual de las retribuciones e indemnizaciones por razón del servicio en cada caso establecidas.

b) Derecho a la libre sindicación.

c) Derecho a la movilidad voluntaria, promoción interna y desarrollo profesional, en la forma en que prevean las disposiciones en cada caso aplicables.

d) Derecho a la jubilación en los términos y condiciones establecidas en las normas en cada caso aplicables.

17. La condición de personal estatutario fijo se adquiere:

a) Por la superación de las pruebas de selección, contrato firmado con el órgano competente e incorporación a una plaza.

b) Por la superación de las pruebas de selección, publicación de su designación en el boletín oficial correspondiente e incorporación a la plaza.

c) Por la superación de la prueba selectiva, nombramiento conferido por el órgano competente e incorporación a la plaza.

d) Ninguna es correcta.

18. Quienes no acrediten, una vez superado el proceso selectivo, que reúnen los requisitos y condiciones exigidos en la convocatoria:

a) No podrán ser nombrados hasta que subsanen el defecto.

b) No podrán ser nombrados, y quedarán sin efecto sus actuaciones.

c) Podrán ser nombrados de forma condicional.

d) Una vez superado el proceso selectivo, se entiende que reúnen los requisitos exigidos, salvo prueba en contrario.

19. No es causa de extinción de la condición de personal estatutario fijo:

a) La renuncia.
b) La jubilación.
c) La sanción disciplinaria firme de separación del servicio.
d) La incapacidad temporal.

20. La incapacidad permanente, cuando sea declarada en sus grados de incapacidad permanente total para la profesión habitual, absoluta para todo trabajo o gran invalidez conforme a las normas reguladoras del Régimen General de la Seguridad Social:

a) Da derecho a la reserva del puesto.
b) Produce la suspensión de la condición de personal estatutario.
c) Produce la pérdida de la condición de personal estatutario.
d) Imposibilita la recuperación de la condición de personal estatutario fijo.

En MADTEST tienes **más preguntas de este tema**, y todos tus avances quedan registrados y se reflejan en el ranking.

¡Supera tus límites con MADTEST!

Solución al test n.º 8

1. a) Al personal estatutario de los servicios de salud.

2. a) Personal sanitario.

3. b) Personal de gestión y servicios.

4. a) Las disposiciones y principios generales sobre función pública de la Administración correspondiente.

5. b) Técnicos superiores y Técnicos.

6. a) Personal de gestión y servicios.

7. b) El que ostenta esta condición en virtud de nombramiento expedido para el ejercicio de una profesión o especialización sanitaria.

8. a) Personal de formación universitaria, personal de formación personal y otro personal.

9. b) Tres años.

10. a) Veinte días de sus retribuciones fijas por año de servicio.

11. d) La negociación colectiva.

12. a) En la medida en que la naturaleza del derecho lo permita.

13. d) La estabilidad en el empleo.

14. d) Disponer de servicios de prevención y de órganos representativos en materia de seguridad laboral.

15. d) Respetar la Constitución, el Estatuto de Autonomía correspondiente y el resto del ordenamiento jurídico.

16. b) Derecho a la libre sindicación.

17. c) Por la superación de la prueba selectiva, nombramiento conferido por el órgano competente e incorporación a la plaza.

18. b) No podrán ser nombrados, y quedarán sin efecto sus actuaciones.

19. d) La incapacidad temporal.

20. c) Produce la pérdida de la condición de personal estatutario.

TEST N.º 9

Prevención de Riesgos Laborales. La Ley 31/1995, de 8 de noviembre, de Prevención de Riesgos Laborales: derechos y obligaciones; consulta y participación de los trabajadores. Prevención de riesgos laborales específicos de la categoría. Especial referencia a la manipulación manual de cargas y al riesgo biológico, medidas de prevención. Ergonomía: métodos de movilización de enfermos e incapacitados

1. Los representantes de los trabajadores con competencia en materia de prevención de riesgos laborales son:

a) Los miembros de la Junta de personal, Junta Facultativo y Junta de Enfermería.
b) Los técnicos de prevención de riesgos laborales.
c) El Servicio de Medicina Preventiva.
d) Los delegados de prevención.

2. Qué se entiende por "riesgo laboral":

a) La posibilidad de que un trabajador sufra un determinado daño derivado del trabajo.
b) La posibilidad de que un trabajador sufra una enfermedad en el trabajo.
c) La posibilidad de que un trabajador sufra acoso.
d) El riesgo que supone el ir a trabajar.

3. ¿Quién debe garantizar a los trabajadores la vigilancia periódica de su estado de salud en función de los riesgos inherentes al trabajo?:

a) La Inspección de Trabajo.
b) El propio trabajador.
c) El empresario.
d) Las secciones sindicales.

4. El derecho básico reconocido a los trabajadores por la Ley 31/1995, de 8 de noviembre, es:

a) La vigilancia de su estado de salud.
b) Una protección eficaz en materia de seguridad y salud en el trabajo.
c) La formación en materia preventiva.
d) La información, consulta y participación.

5. Indica cuál es la definición de prevención:

a) La probabilidad racional de que un riesgo se materialice de forma inminente.
b) El estudio de los procesos potencialmente peligrosos para el trabajo.
c) Conjunto de actividades o medidas adoptadas o previstas en todas las fases de actividad de la empresa con el fin de evitar o disminuir los riesgos derivados del trabajo.
d) Posibilidad de que un trabajador sufra un determinado daño derivado del trabajo.

6. Señale la respuesta incorrecta:

a) La Ley de Prevención de Riesgos Laborales se aplica a los operativos de Seguridad civil en casos de catástrofe.
b) La Ley de Prevención de Riesgos Laborales se aplica a las sociedades cooperativas.
c) En el ámbito de la relación laboral de carácter especial del servicio del hogar familiar, las personas trabajadoras tienen derecho a una protección eficaz en materia de seguridad y salud en el trabajo.
d) En los establecimientos penitenciarios, se adaptarán a la Ley de Prevención de Riesgos Laborales aquellas actividades cuyas características justifiquen una regulación especial.

7. ¿Cuál es la vigente Ley de Prevención de Riesgos Laborales?

a) Ley 32/1995, de 8 de noviembre.
b) Ley 30/1996, de 8 de noviembre.
c) Ley 31/1995, de 6 de noviembre.
d) Ley 31/1995, de 8 de noviembre

8. Entre los principios de la acción preventiva recogidos por el artículo 15 de la Ley de Prevención de Riesgos Laborales, no figura:

a) Evitar los riesgos.
b) Evaluar los riesgos que se puedan evitar.
c) Tener en cuenta la evolución de la técnica.
d) Dar las debidas instrucciones a los trabajadores.

9. ¿Cuántos delegados de prevención se deberán elegir en empresas entre 3001 y 4000 trabajadores?

a) 5.
b) 6.
c) 7.
d) 8.

10. En las empresas de hasta 30 trabajadores el Delegado de Prevención será:

a) El propio empresario.
b) El trabajador más antiguo.
c) El trabajador de mayor cualificación.
d) El delegado de personal.

11. Entre las obligaciones de los trabajadores recogidas por la Ley de Prevención de Riesgos Laborales, no figura:

a) Informar directamente al empresario de cualquier situación que entrañe riesgo para la seguridad o salud de los trabajadores.
b) Contribuir al cumplimiento de las obligaciones establecidas por la autoridad competente con el fin de proteger la seguridad y la salud de los trabajadores en el trabajo.
c) Cooperar con el empresario para que éste pueda garantizar unas condiciones de trabajo que sean seguras y no entrañen riesgos para la seguridad y la salud de los trabajadores.
d) Utilizar correctamente los medios y equipos de protección facilitados por el empresario, de acuerdo con las instrucciones recibidas de éste.

12. El empresario deberá constituir un servicio de prevención propio siempre que se trate de empresas que cuenten con:

a) Más de 500 trabajadores.
b) Menos de 250 trabajadores.
c) Más de 250 trabajadores.
d) Más de 250 y menos de 500 trabajadores.

13. Cuando los trabajadores estén expuestos a un riesgo grave e inminente con ocasión de su trabajo, y el empresario no adopte o no permita la adopción de las medidas necesarias para garantizar la seguridad y la salud de los trabajadores, la Ley 31/1995, de 8 de noviembre, de Prevención de Riesgos Laborales prevé:

a) Los trabajadores afectados podrán paralizar la actividad.
b) El órgano de representación del personal instará formalmente al empresario a la adopción de las medidas necesarias.
c) Los Delegados de Prevención lo comunicarán a la autoridad laboral, que adoptará las medidas necesarias.
d) El órgano de representación de personal podrá acordar la paralización de la actividad.

14. Según establece el art. 4 de la Ley 31/1995, de 8 de noviembre, de Prevención de Riesgos Laborales, se define como daños derivados del trabajo.

a) La posibilidad de que un trabajador sufra un determinado daño derivado del trabajo.

b) El que resulte probable racionalmente que se materialice en un futuro inmediato y pueda suponer y pueda suponer un daño grave para la salud de los trabajadores.

c) Las enfermedades, patologías o lesiones sufridas con motivo u ocasión del trabajo.

d) Cualquier máquina, aparato, instrumento o instalación utilizada en el trabajo.

15. Según recoge el artículo 4 de la Ley 31/1995, quedan específicamente incluidas en la definición de condición de trabajo:

a) Las características particulares de los locales, instalaciones, equipos, productos y demás útiles existentes en el centro de trabajo.

b) La naturaleza de los agentes físicos, químicos y biológicos presentes en el ambiente de trabajo y sus correspondientes intensidades, concentraciones o niveles de presencia.

c) Los procedimientos para la utilización de los agentes citados anteriormente que no influyan en la generación de los riesgos mencionados.

d) Todas aquellas otras características del trabajo, excluidas las relativas a su organización y ordenación, que influyan en la magnitud de los riesgos a que esté expuesto el trabajador.

16. Los instrumentos esenciales para la gestión y aplicación del Plan de prevención de riesgos laborales son

a) La evaluación de riesgos y la planificación de la actividad preventiva.

b) La evaluación inicial de riesgos y la formación.

c) La planificación y la gestión de la actividad preventiva.

d) La identificación y la evaluación de los riesgos.

17. El posible cambio de puesto de trabajo con riesgo para una trabajadora embarazada

a) Deberá realizarse en caso de imposibilidad de adaptación del propio puesto.

b) Se hará previo informe en tal sentido del Servicio de Prevención.

c) Se determinará por el empresario, y dará información a los representantes de los trabajadores.

d) Se extenderá al período de lactancia.

18. La prevención de riesgos laborales deberá integrarse en el sistema general de gestión de la empresa a través de:

a) La política preventiva.

b) El plan de prevención.

c) El consenso de las partes.
d) El poder de decisión del empresario.

19. El objeto y carácter de la norma de la Ley 31/95 de Prevención de Riesgos Laborales dice:

a) La presente Ley tiene por objeto promover la salud de los trabajadores mediante la aplicación de medidas y el desarrollo de las actividades necesarias para la prevención de riesgos derivados del trabajo.

b) La presente Ley tiene por objeto promover la seguridad y la salud de los trabajadores mediante la aplicación de medidas y el desarrollo de las actividades necesarias para la prevención de riesgos derivados del trabajo.

c) La presente Ley tiene por objeto promover la seguridad de los trabajadores mediante la aplicación de medidas y el desarrollo de las actividades necesarias para la prevención de riesgos derivados del trabajo.

d) La presente Ley tiene por objeto promover la seguridad, la salud de los trabajadores y la negociación entre empresa y delegados de prevención, mediante la aplicación de medidas y el desarrollo de las actividades necesarias para la prevención de riesgos derivados del trabajo.

20. ¿Cuándo se deben utilizar los equipos de protección individual?

a) Siempre.
b) Cuando los riesgos no hayan sido evaluados.
c) Cuando los riesgos no se puedan evitar o no puedan limitarse.
d) Cuando el trabajador lo estime oportuno.

En MADTEST tienes **más preguntas de este tema**, y todos tus avances quedan registrados y se reflejan en el ranking.

¡Supera tus límites con MADTEST!

Solución al test n.º 9

1. d) Los delegados de prevención.

2. a) La posibilidad de que un trabajador sufra un determinado daño derivado del trabajo.

3. c) El empresario.

4. b) Una protección eficaz en materia de seguridad y salud en el trabajo.

5. c) Conjunto de actividades o medidas adoptadas o previstas en todas las fases de actividad de la empresa con el fin de evitar o disminuir los riesgos derivados del trabajo.

6. a) La Ley de Prevención de Riesgos Laborales se aplica a los operativos de Seguridad civil en casos de catástrofe.

7. d) Ley 31/1995, de 8 de noviembre

8. b) Evaluar los riesgos que se puedan evitar.

9. c) 7.

10. d) El delegado de personal.

11. a) Informar directamente al empresario de cualquier situación que entrañe riesgo para la seguridad o salud de los trabajadores.

12. a) Más de 500 trabajadores.

13. d) El órgano de representación de personal podrá acordar la paralización de la actividad.

14. c) Las enfermedades, patologías o lesiones sufridas con motivo u ocasión del trabajo.

15. b) La naturaleza de los agentes físicos, químicos y biológicos presentes en el ambiente de trabajo y sus correspondientes intensidades, concentraciones o niveles de presencia.

16. a) La evaluación de riesgos y la planificación de la actividad preventiva.

17. a) Deberá realizarse en caso de imposibilidad de adaptación del propio puesto.

18. b) El plan de prevención.

19. b) La presente Ley tiene por objeto promover la seguridad y la salud de los trabajadores mediante la aplicación de medidas y el desarrollo de las actividades necesarias para la prevención de riesgos derivados del trabajo.

20. c) Cuando los riesgos no se puedan evitar o no puedan limitarse.

PARTE ESPECÍFICA

TEST N.º 10

Procedimientos generales de limpieza e higiene en centros hospitalarios. Normas de manipulación y recogida de residuos urbanos y asimilables a urbanos. El barrido húmedo: concepto, materiales, metodología de trabajo. Fregado de suelos: concepto, diferentes métodos, materiales y productos; metodología de trabajo. Los productos de limpieza: Fichas Técnicas y Fichas de Datos de Seguridad. Eliminación de diferentes tipos de manchas de las superficies lavables (como por ejemplo sangre, tinta, chicles, cal del agua, oxido, grasas, etc.). Limpieza en superficies y mobiliario no lavable

1. ¿A qué se refiere el Servicio de Limpieza Integral en el Servicio Madrileño de Salud (SERMAS)?

a) A la desinfección exclusiva de quirófanos.
b) A la limpieza de las diferentes instalaciones, retirada y evacuación de residuos, retirada de ropa sucia y reposición de material de aseo.
c) A la limpieza y desinfección de superficies con COVID-19.
d) Solo a la limpieza de áreas generales como oficinas y pasillos.

2. ¿Qué aspecto de la limpieza integral busca minimizar los posibles riesgos para la salud de usuarios y trabajadores?

a) Correctivos.
b) Técnico-legal.
c) Preventivos.
d) Operacionales.

3. Según las normas generales de limpieza, ¿cómo debe realizarse la limpieza de las zonas?

a) Desde las zonas más limpias a las más sucias.
b) Desde las zonas más sucias a las más limpias.

c) Sin un orden específico, según la conveniencia del momento.

d) Siempre de arriba abajo y de la más sucia a la menos sucia.

4. ¿Cuál es la única forma adecuada y permitida para retirar el polvo antes de la limpieza del suelo?

a) Barriendo con un cepillo sin cubrir.

b) Utilizando una mopa o avión cubierto con frixelina.

c) Usando una escoba convencional.

d) Con una aspiradora.

5. ¿De qué color de bayeta se recomienda usar para las áreas generales, incluyendo habitaciones de hospitalización y despachos, según la OMS?

a) Rojo.

b) Azul.

c) Verde.

d) Amarillo.

6. Después de cada uso, ¿cómo debe reprocesarse el material de limpieza como bayetas y mopas?

a) De forma manual al final del turno.

b) No necesitan ser reprocesadas.

c) De forma centralizada para garantizar la desinfección.

d) Se desechan inmediatamente después de cada uso.

7. ¿Qué se debe hacer con los colchones y almohadas que no se envían a la lavandería?

a) No requieren limpieza.

b) Solo se limpiará la funda de algodón.

c) Se limpiarán conforme a los protocolos del hospital o criterio del Servicio de Medicina Preventiva.

d) Se desechan después de cada uso.

8. ¿Qué se debe hacer con las bolsas de basura antes de ser retiradas?

a) Comprimir su contenido para ahorrar espacio.

b) Retirarlas abiertas.

c) Desinfectarlas con lejía.

d) Cerrarlas previamente sin comprimir su contenido.

9. ¿Cómo deben guardarse los útiles de limpieza al final de cada turno?

a) Lavados con agua caliente y detergente y guardados secos.

b) Húmedos para evitar la proliferación de microorganismos.

c) En bolsas de plástico cerradas.
d) En el carro de limpieza sin lavarlos.

10. ¿Cuál es el equipo de protección personal específico que necesita el personal que prepara o usa desinfectantes en centros médicos?

a) Uniforme de manga corta, guantes de nitrilo y zapatos abiertos.
b) Solo guantes de goma y delantal impermeable.
c) Uniforme de manga larga, guantes de goma y zapatos cerrados.
d) Uniforme de manga larga, zapatos de trabajo cerrados, bata o delantal impermeable, guantes de goma, mascarilla y protección ocular (de preferencia careta).

11. ¿Qué se recomienda no hacer con los desinfectantes en interiores y exteriores en el marco de la COVID-19?

a) Usarlos con guantes.
b) Aplicarlos mediante fumigación o nebulización.
c) Prepararlos diariamente.
d) Usarlos en áreas bien ventiladas.

12. ¿Qué se debe tener en cuenta al seleccionar desinfectantes?

a) Los microorganismos de interés, la concentración y el tiempo de contacto, y la compatibilidad con las superficies.
b) Solo el precio del producto.
c) Únicamente la marca comercial.
d) La disponibilidad en el almacén.

13. ¿Qué concentración de hipoclorito se recomienda cuando en las superficies hay grandes derrames de sangre o líquidos corporales (más de 10 mL)?

a) 0,1 % (1000 ppm).
b) 0,2 % (2000 ppm).
c) 0,5 % (5000 ppm).
d) 1 % (10000 ppm).

14. En un centro sanitario, ¿qué tipo de residuos incluye la Clase I o Residuos Generales?

a) Residuos biopeligrosos.
b) Jeringas y objetos punzantes.
c) Residuos citotóxicos.
d) Papel, cartón, metales y restos de comida.

15. ¿Qué es un "Residuo biosanitario"?

a) Residuos sanitarios específicos de la actividad sanitaria propiamente dicha, potencialmente contaminados con sustancias biológicas al haber entrado en contacto con pacientes o líquidos biológicos.

b) Residuos compuestos por restos de medicamentos citotóxicos.

c) Papel, cartón y restos de comida.

d) Residuos que no presentan riesgo de infección.

En MADTEST tienes **más preguntas de este tema**, y todos tus avances quedan registrados y se reflejan en el ranking.

¡Supera tus límites con MADTEST!

Solución al test n.º 10

1. c) A la limpieza y desinfección de superficies con COVID-19.

2. c) Preventivos.

3. a) Desde las zonas más limpias a las más sucias.

4. b) Utilizando una mopa o avión cubierto con frixelina.

5. b) Azul.

6. c) De forma centralizada para garantizar la desinfección.

7. c) Se limpiarán conforme a los protocolos del hospital o criterio del Servicio de Medicina Preventiva.

8. d) Cerrarlas previamente sin comprimir su contenido.

9. a) Lavados con agua caliente y detergente y guardados secos.

10. d) Uniforme de manga larga, zapatos de trabajo cerrados, bata o delantal impermeable, guantes de goma, mascarilla y protección ocular (de preferencia careta).

11. b) Aplicarlos mediante fumigación o nebulización.

12. a) Los microorganismos de interés, la concentración y el tiempo de contacto, y la compatibilidad con las superficies.

13. c) 0,5 % (5000 ppm).

14. d) Papel, cartón, metales y restos de comida.

15. a) Residuos sanitarios específicos de la actividad sanitaria propiamente dicha, potencialmente contaminados con sustancias biológicas al haber entrado en contacto con pacientes o líquidos biológicos.

TEST N.º 11

Conocimiento general de limpieza y desinfección y de la terminología más frecuentemente usada en la limpieza hospitalaria: limpieza común; detergente aniónico neutro; desinfección de superficies en general: la lejía; desinfectante aldehídico de alto espectro; mopa: la fliselina. Eliminación de manchas en pintura plástica y en pintura de temple. Las microfibras. Manejo seguro de productos químicos utilizados en tareas de limpieza

1. ¿Cuál es el objetivo principal de la limpieza hospitalaria?

a) Eliminar la materia orgánica y la contaminación de los objetos.
b) Destruir las esporas bacterianas.
c) Esterilizar el material quirúrgico.
d) Neutralizar los agentes químicos.

2. ¿En qué orden deben realizarse las tareas de limpieza?

a) Mobiliario → techos → paredes → suelos.
b) Suelos → ventanas → mobiliario → paredes.
c) Paredes, rejillas y techos → mobiliario → ventanas → suelos.
d) Suelos → paredes → techos → mobiliario.

3. Según el círculo de Sinner, si disminuye uno de los factores de limpieza...

a) Se debe interrumpir el proceso.
b) Es necesario compensarlo aumentando otro de los factores.
c) Se reduce la calidad del agua.
d) El proceso se detiene automáticamente.

4. ¿Qué tipo de limpieza se realiza al finalizar un proceso quirúrgico o al alta de un paciente?

a) Limpieza general.
b) Limpieza normal.

c) Limpieza concreta o terminal.
d) Limpieza extraordinaria.

5. ¿Con qué frecuencia se limpian las escaleras y pasillos según la limpieza normal?

a) Una vez al día.
b) Dos veces al día.
c) Tres veces al día.
d) Una vez a la semana.

6. ¿Qué se entiende por asepsia?

a) Eliminación de microorganismos patógenos en tejidos vivos.
b) Proceso de esterilización de objetos.
c) Procedimientos para impedir la llegada de microorganismos a un medio aséptico.
d) Eliminación de microorganismos en superficies inanimadas.

7. ¿Qué diferencia a la antisepsia de la desinfección?

a) La antisepsia destruye esporas, la desinfección no.
b) La antisepsia se aplica sobre tejidos vivos, la desinfección sobre objetos inanimados.
c) La antisepsia requiere calor, la desinfección no.
d) La desinfección actúa en tejidos, la antisepsia en aire.

8. ¿Qué concepto describe la eliminación de todos los microorganismos, incluidas las esporas?

a) Antisepsia.
b) Limpieza.
c) Desinfección.
d) Esterilización.

9. ¿Cuál es el componente fundamental de los detergentes?

a) Coadyuvantes.
b) Aditivos.
c) Agentes tensioactivos.
d) Cargas.

10. ¿Qué detergentes son más eficaces en aguas duras?

a) Aniónicos.
b) Catiónicos.
c) No iónicos.
d) Ácidos.

11. ¿Qué pH tienen los detergentes ácidos?

a) 6 – 8.
b) Más de 9.
c) 7 exacto.
d) 5 o inferior.

12. ¿Qué diferencia principal existe entre desinfección y esterilización?

a) La desinfección elimina todo, la esterilización solo bacterias.
b) La esterilización destruye esporas, la desinfección no.
c) La esterilización es química, la desinfección física.
d) La desinfección siempre usa calor.

13. ¿Qué reglamento regula los biocidas en España?

a) Real Decreto 1054/2002.
b) Real Decreto 1591/2009.
c) Real Decreto 1345/2007.
d) Reglamento (UE) 528/2012.

14. ¿Qué categoría de desinfectante es eficaz frente a Pseudomona aeruginosa?

a) Limitado.
b) General.
c) De hospital.
d) Sanitizante.

15. ¿Qué concentración de cloro activo debe tener la lejía según normativa?

a) 10–20 g/l.
b) 35–100 q/l,
c) 120–150 g/l.
d) 5–10 g/l.

En MADTEST tienes **más preguntas de este tema**, y todos tus avances quedan registrados y se reflejan en el ranking.

¡Supera tus límites con MADTEST!

Solución al test n.º 11

1. a) Eliminar la materia orgánica y la contaminación de los objetos.

2. c) Paredes, rejillas y techos → mobiliario → ventanas → suelos.

3. b) Es necesario compensarlo aumentando otro de los factores.

4. c) Limpieza concreta o terminal.

5. b) Dos veces al día.

6. c) Procedimientos para impedir la llegada de microorganismos a un medio aséptico.

7. b) La antisepsia se aplica sobre tejidos vivos, la desinfección sobre objetos inanimados.

8. d) Esterilización.

9. c) Agentes tensioactivos.

10. c) No iónicos.

11. d) 5 o inferior.

12. b) La esterilización destruye esporas, la desinfección no.

13. a) Real Decreto 1054/2002.

14. c) De hospital.

15. b) 35–100 g/l.

TEST N.º 12

Conocimiento e identificación de las diferentes zonas hospitalarias según nivel de riesgo de infección que le supone al paciente y/o en función del trabajo que se realiza en el área y que puede repercutir en el paciente: áreas de alto riesgo o críticas, áreas de riesgo medio y áreas "generales" o de bajo riesgo

1. ¿Qué establece el protocolo de Limpieza Integral del Servicio Madrileño de Salud?

a) Solo se limpia el interior de los edificios hospitalarios.

b) La limpieza se limita a las zonas críticas de los hospitales.

c) La limpieza se realizará en los centros incluyendo edificios, locales, patios, viales, sumideros, azoteas, tejadillos, galerías de servicio, plazas, etc.

d) La limpieza se realiza únicamente en función del personal disponible.

2. ¿Cómo están clasificadas las diferentes zonas de los centros de atención especializada?

a) Según el número de camas disponibles.

b) Según el personal asignado en cada área.

c) Según los productos desinfectantes empleados.

d) Según su finalidad y el tipo de riesgo de transmisión patógena.

3. ¿Qué zonas están incluidas como críticas?

a) Biblioteca, salón de actos, mortuorio.

b) Bloques quirúrgicos, paritorios, UCI, unidades de trasplante, esterilización.

c) Lencería, cocina, farmacia, guardería.

d) Vestíbulos, ascensores, despachos.

4. ¿Qué requisito debe cumplir el uniforme en zonas críticas?

a) Ser reutilizable sin identificación.

b) Estar identificado y ser de distinto color al de otras unidades.

c) Ser desechable y blanco.
d) Ser el mismo que el del personal médico.

5. ¿Qué zona NO se considera crítica?

a) Servicio de Radiodiagnóstico.
b) Área de preparación de citotóxicos.
c) Biberonería.
d) Neonatología.

6. ¿Qué zonas se consideran semicríticas?

a) Neonatología, trasplantes, quirófanos.
b) Vestíbulos, despachos, biblioteca.
c) Radiodiagnóstico, rehabilitación, hospitalización, farmacia, consultas externas.
d) Jardines, plazas y aparcamientos.

7. ¿Qué zona se considera general?

a) Neonatología.
b) Autopsias.
c) Hospital de día.
d) Vestíbulo, escaleras, pasillos, ascensores, aseos públicos.

8. ¿Qué zona se clasifica como exterior?

a) Servicio de rehabilitación.
b) Lencería.
c) Explanadas, viales, jardines, aparcamientos.
d) Salón de actos.

9. ¿Qué objetivo principal persiguen los métodos de limpieza hospitalaria?

a) Reducir los costes de limpieza.
b) Evitar la acumulación de residuos sólidos.
c) Reducir al mínimo el riesgo de contaminación cruzada, manteniendo los máximos niveles de higiene.
d) Minimizar el tiempo de limpieza.

10. ¿Qué característica deben cumplir los métodos de limpieza?

a) Ser funcionales y ergonómicos.
b) Ser únicamente manuales.
c) Ser rápidos aunque generen residuos.
d) Ser exclusivamente mecánicos.

11. ¿Qué obligación existe respecto a la limpieza de vestuarios?

a) Una vez a la semana.
b) Limpieza y desinfección antes de cada turno, manteniéndolos limpios en todo momento.
c) Solo al final del día.
d) Solo si hay quejas del personal.

12. ¿Con qué frecuencia se revisan los aseos públicos de máxima frecuentación?

a) Una vez por turno.
b) Dos veces por turno.
c) Tres veces en cada turno.
d) Una vez al día.

13. ¿Qué documento debe colocarse en los aseos públicos tras la limpieza?

a) El parte de mantenimiento.
b) Una hoja de registro con fecha, hora y material repuesto.
c) El informe del Servicio de Medicina Preventiva.
d) El permiso de la Dirección.

14. ¿Qué requisito se aplica a los aseos públicos de Urgencias y vestíbulos de entrada?

a) Limpieza solo al final del día.
b) Tener siempre toallas de papel.
c) Revisión cada hora.
d) Contar con ambientadores-pulverizadores autorizados por la Dirección del Hospital.

15. ¿Qué deben rellenar los trabajadores de limpieza en las zonas críticas?

a) Un parte de incidencias técnicas.
b) El informe del jefe de unidad.
c) Una hoja de registro con fecha y hora de limpieza colocada en lugar visible.
d) Una ficha de control de residuos.

En MADTEST tienes **más preguntas de este tema**, y todos tus avances quedan registrados y se reflejan en el ranking.

¡Supera tus límites con MADTEST!

Solución al test n.º 12

1. c) La limpieza se realizará en los centros incluyendo edificios, locales, patios, viales, sumideros, azoteas, tejadillos, galerías de servicio, plazas, etc.

2. d) Según su finalidad y el tipo de riesgo de transmisión patógena.

3. b) Bloques quirúrgicos, paritorios, UCI, unidades de trasplante, esterilización.

4. b) Estar identificado y ser de distinto color al de otras unidades.

5. a) Servicio de Radiodiagnóstico.

6. c) Radiodiagnóstico, rehabilitación, hospitalización, farmacia, consultas externas.

7. d) Vestíbulo, escaleras, pasillos, ascensores, aseos públicos.

8. c) Explanadas, viales, jardines, aparcamientos.

9. c) Reducir al mínimo el riesgo de contaminación cruzada, manteniendo los máximos niveles de higiene.

10. a) Ser funcionales y ergonómicos.

11. b) Limpieza y desinfección antes de cada turno, manteniéndolos limpios en todo momento.

12. c) Tres veces en cada turno.

13. b) Una hoja de registro con fecha, hora y material repuesto.

14. d) Contar con ambientadores-pulverizadores autorizados por la Dirección del Hospital.

15. c) Una hoja de registro con fecha y hora de limpieza colocada en lugar visible.

TEST N.º 13

La limpieza en zonas hospitalarias de alto riesgo. Plan de limpieza en habitaciones de pacientes de aislamiento: materiales y productos, metodología de limpieza en esas habitaciones. Limpieza de quirófanos, unidades de reanimación postanestesia y salas donde se realizan procedimientos invasivos (radiología intervencionista, hemodinámica, hemodiálisis, etc.): materiales; productos; metodología de trabajo antes de la intervención, entre las intervenciones, y al terminar el programa quirúrgico

1. ¿Qué caracteriza a las zonas críticas o de alto riesgo hospitalario?

a) Son áreas destinadas solo al descanso del personal.
b) Son zonas donde, por el tipo de asistencia, actividad o riesgo, la concentración de placas patógenas es alta y es necesaria una mayor incidencia en la limpieza.
c) Son áreas administrativas con mucho tránsito.
d) Son espacios exteriores con riesgo de contaminación ambiental.

2. ¿Qué implica la división de los centros en zonas hospitalarias?

a) Homogeneizar todos los protocolos de limpieza.
b) Reducir el número de trabajadores necesarios.
c) Unificar el consumo de productos.
d) Programas de limpieza diferentes, tanto diarios como semanales y mensuales, distintas técnicas y procedimientos y la aplicación de distintas concentraciones de detergentes y desinfectantes.

3. ¿Cuál de las siguientes NO es un área de alto riesgo hospitalario?

a) Autopsias.
b) Sala de descanso del personal.
c) Quemados.
d) Neonatología.

4. ¿Qué uniforme debe usar el personal en zonas de alto riesgo?

a) El mismo uniforme que en zonas generales.
b) Uniforme exclusivo con calzado antideslizante y los EPI que se indiquen (guantes, gorro y mascarilla).
c) Bata blanca y guantes de algodón.
d) Uniforme reutilizable sin identificación.

5. ¿Qué colores de cubo se emplean en el sistema de doble cubo autorizado por Medicina Preventiva?

a) Azul para solución limpiadora/desinfectante y rojo para agua limpia.
b) Verde y amarillo.
c) Blanco y negro.
d) Gris y marrón.

6. ¿Qué material se recomienda para envolver la mopa o cepillo en zonas críticas?

a) Gasa quirúrgica.
b) Paño de algodón.
c) Frixelina.
d) Papel absorbente.

7. ¿Qué guantes deben usarse en quirófanos?

a) De goma reutilizables.
b) De nitrilo esterilizables.
c) Guantes de un solo uso.
d) De tela con recubrimiento plástico.

8. ¿Qué debe hacerse con los textiles usados en limpieza de zonas críticas?

a) Secarlos al aire libre y reutilizarlos inmediatamente.
b) Hervirlos a 60 °C.
c) Enjuagarlos con agua fría y lejía.
d) Lavarlos a máquina con detergente a 90–95 °C y guardarlos secos.

9. ¿Qué debe hacerse con el material no textil tras su uso en zonas críticas?

a) Desinfectarlo con alcohol al 70 %.
b) Lavarlo con agua caliente y detergente y guardarlo seco.
c) Hervirlo durante 20 minutos.
d) Pulverizarlo con peróxido de hidrógeno.

10. ¿Qué concentración de hipoclorito sódico se recomienda para desinfección de material en zonas de alto riesgo?

a) 0,25 %.
b) 2 %.

c) 1 %.
d) 5 %.

11. ¿Qué desinfectante debe ser libre de aldehído en zonas críticas?

a) Alcohol etílico.
b) Peróxido de hidrógeno.
c) Desinfectante de amplio espectro.
d) Fenoles.

12. ¿Qué solución aldehída se recomienda en limpieza de alto riesgo?

a) 0,5 %.
b) 0,25 %.
c) 1 %.
d) 5 %.

13. ¿Qué solución se aplica en la desinfección de superficies críticas?

a) Hipoclorito sódico del 0,5 al 1 %.
b) Agua oxigenada al 3 %.
c) Alcohol 70 %.
d) Fenoles al 0,1 %.

14. ¿Qué color de bayeta se utiliza en áreas de aislamiento?

a) Azul.
b) Verde.
c) Amarillo.
d) Blanco.

15. ¿Qué medida debe cumplirse siempre en habitaciones de aislamiento?

a) Ventana abierta y ventilación constante.
b) Mantener la puerta cerrada, usar bata desechable, higiene de manos y, si se indica, mascarilla protectora.
c) Dejar el material de limpieza en los pasillos.
d) Compartir los utensilios de limpieza entre habitaciones.

Solución al test n.º 13

1. b) Son zonas donde, por el tipo de asistencia, actividad o riesgo, la concentración de placas patógenas es alta y es necesaria una mayor incidencia en la limpieza.

2. d) Programas de limpieza diferentes, tanto diarios como semanales y mensuales, distintas técnicas y procedimientos y la aplicación de distintas concentraciones de detergentes y desinfectantes.

3. b) Sala de descanso del personal.

4. b) Uniforme exclusivo con calzado antideslizante y los EPI que se indiquen (guantes, gorro y mascarilla).

5. a) Azul para solución limpiadora/desinfectante y rojo para agua limpia.

6. c) Frixelina.

7. c) Guantes de un solo uso.

8. d) Lavarlos a máquina con detergente a 90–95 °C y guardarlos secos.

9. b) Lavarlo con agua caliente y detergente y guardarlo seco.

10. c) 1 %.

11. c) Desinfectante de amplio espectro.

12. b) 0,25 %.

13. a) Hipoclorito sódico del 0,5 al 1 %.

14. c) Amarillo.

15. b) Mantener la puerta cerrada, usar bata desechable, higiene de manos y, si se indica, mascarilla protectora.

Manipulación y recogida de contenedores de residuos peligrosos. Identificación de los diferentes tipos de contenedores peligrosos: infecciosos, citostáticos, productos químicos. Limpieza de las Unidades de Cuidados Intensivos. Limpieza de Paritorios. Limpieza del área de Neonatología

1. ¿Cuál es el objetivo principal de la segregación de residuos en origen?

a) Reducir la posibilidad de contaminación, evitar tratamientos inadecuados y prevenir riesgos laborales y ambientales.
b) Minimizar el espacio en los almacenes.
c) Reducir los costes de recogida externa.
d) Facilitar el reciclaje exclusivo de papel y vidrio.

2. ¿En qué tipo de bolsa se segregan los residuos Clase II?

a) Bolsas rojas de 300 galgas.
b) Bolsas amarillas rígidas.
c) Bolsas verdes de plástico de al menos 200 galgas.
d) Bolsas negras de 100 galgas.

3. ¿Qué no puede depositarse en las bolsas de residuos Clase II?

a) Restos de comida.
b) Residuos punzantes o cortantes.
c) Papeles higiénicos.
d) Residuos urbanos asimilables.

4. ¿Cuándo deben cerrarse las bolsas verdes de Clase II?

a) Al llenarse por completo.
b) Al llegar a la mitad de su capacidad.
c) Cuando se llenen en sus 2/3 partes o antes por otros motivos como malos olores.
d) Cada final de turno.

5. ¿Dónde deben almacenarse las bolsas de residuos Clase II hasta su retirada?

a) En pasillos ventilados.
b) En almacenes compartidos con residuos urbanos.
c) En el almacén de residuos destinado para ello, nunca en pasillos ni unas sobre otras.
d) En los sótanos junto a equipos eléctricos.

6. ¿En qué contenedor deben segregarse las agujas y material punzante?

a) Bolsa verde.
b) Bolsa roja dentro de caja de cartón.
c) Contenedor amarillo rígido, opaco, de cierre hermético.
d) Contenedor azul hermético.

7. ¿Qué deben hacer los profesionales antes de desechar instrumental corto-punzante?

a) Esterilizarlo.
b) Lavar con detergente.
c) Escoger el tamaño adecuado del contenedor y activar dispositivos de bioseguridad.
d) Envolverlo en papel.

8. ¿Qué color de bolsas se usan para los residuos biosanitarios especiales?

a) Verdes.
b) Amarillas.
c) Azules.
d) Rojas de al menos 300 galgas o doble bolsa de 200 galgas.

9. ¿Dónde deben situarse los contenedores de residuos biosanitarios especiales durante su uso?

a) En los pasillos para fácil acceso.
b) En lugares estables y alejados de cualquier fuente de calor.
c) En las salas de espera.
d) En despachos administrativos.

10. ¿Qué residuo se gestiona como Clase II y no como Clase III?

a) Sangre líquida en envases de más de 100 ml.
b) Recipientes de orina, vertiendo el líquido al inodoro.
c) Cultivos de agentes infecciosos.
d) Restos de vacunas con esporas.

11. ¿Qué residuos se recogen en contenedor azul de cierre hermético?

a) Medicamentos caducados.
b) Envases vacíos contaminados con revelador, fijador de RX o aceites usados.
c) Agujas y bisturís.
d) Sangre líquida.

12. ¿Dónde se eliminan los medicamentos caducados?

a) Contenedor verde.
b) Contenedor azul.
c) Contenedor amarillo.
d) Contenedor negro.

13. ¿Qué contenedor se usa para residuos con mercurio?

a) Caja de cartón.
b) Bolsa roja.
c) Contenedor hermético.
d) Contenedor azul.

14. ¿Dónde se depositan las placas radiográficas fuera de uso?

a) Caja de cartón.
b) Contenedor verde.
c) Contenedor azul.
d) Contenedor rojo.

15. ¿Qué aparato se gestiona a través de Madrid Digital?

a) Microondas.
h) Televisores públicos.
c) Ordenadores e impresoras inventariados.
d) Lámparas fluorescentes.

En MADTEST tienes **más preguntas de este tema**, y todos tus avances quedan registrados y se reflejan en el ranking.

¡Supera tus límites con MADTEST!

Solución al test n.º 14

1. a) Reducir la posibilidad de contaminación, evitar tratamientos inadecuados y prevenir riesgos laborales y ambientales.

2. c) Bolsas verdes de plástico de al menos 200 galgas.

3. b) Residuos punzantes o cortantes.

4. c) Cuando se llenen en sus 2/3 partes o antes por otros motivos como malos olores.

5. c) En el almacén de residuos destinado para ello, nunca en pasillos ni unas sobre otras.

6. c) Contenedor amarillo rígido, opaco, de cierre hermético.

7. c) Escoger el tamaño adecuado del contenedor y activar dispositivos de bioseguridad.

8. d) Rojas de al menos 300 galgas o doble bolsa de 200 galgas.

9. b) En lugares estables y alejados de cualquier fuente de calor.

10. b) Recipientes de orina, vertiendo el líquido al inodoro.

11. b) Envases vacíos contaminados con revelador, fijador de RX o aceites usados.

12. c) Contenedor amarillo.

13. c) Contenedor hermético.

14. a) Caja de cartón.

15. c) Ordenadores e impresoras inventariados.

TEST N.º 15

La limpieza en zonas hospitalarias de medio riesgo (I). Limpieza de áreas de Radiología; Urgencias; Hospital de día; Rehabilitación; Farmacia; Unidad de día; Esterilización. Aspectos generales; materiales y productos utilizados; metodología de trabajo y control de calidad

1. ¿Qué tipo de zonas hospitalarias tienen exigencias menores de eficacia en la limpieza y desinfección?

a) Zonas críticas.
b) Zonas semicríticas o de medio riesgo.
c) Zonas de alto riesgo.
d) Zonas de rehabilitación.

2. ¿Cuál de las siguientes zonas NO se considera de medio riesgo en la mayoría de los hospitales?

a) Farmacia.
b) Salas de hospitalización.
c) Urgencias.
d) Todas ellas no se consideran de medio riesgo.

3. En las zonas de medio riesgo, ¿qué mobiliario quirúrgico será objeto de limpieza?

a) Las mesas quirúrgicas y mesas auxiliares.
b) Las estanterías y vitrinas.
c) Todo el mobiliario, incluyendo mesas y vitrinas.
d) Únicamente cuando no tengan aparataje electro médico, material sanitario o/y medicación.

4. ¿Qué deben hacer los limpiadores al limpiar camas y camillas en las zonas de medio riesgo?

a) Desconectar los goteros.
b) Desenchufar de la red eléctrica dicho mobiliario por motivos de seguridad.
c) Retirar los colchones y almohadas.
d) Limpiar solo los accesorios de las camillas.

5. Según la Organización Mundial de la Salud, ¿a qué nivel pertenece un Servicio de Radiodiagnóstico en un centro sanitario de tamaño medio?

a) Nivel 1.
b) Nivel 2.
c) Nivel 3.
d) Nivel 4.

6. ¿En qué lugar del edificio se suele localizar el Servicio de Radiodiagnóstico?

a) En la planta superior, lejos de los ascensores.
b) En la entrada principal, al lado de la farmacia.
c) En el sótano, cerca de los laboratorios.
d) En un lugar céntrico del edificio y en la planta baja, cerca de los ascensores centrales.

7. ¿Cuál es una de las funciones de la zona de recepción en el Servicio de Radio-diagnóstico?

a) Realizar las exploraciones radiográficas a los pacientes.
b) Recoger las peticiones de los estudios radiográficos.
c) Distribuir los medicamentos a los pacientes.
d) Limpiar las salas de exploración.

8. ¿Qué servicio tiene también fines terapéuticos, además de los de diagnóstico?

a) Servicio de Radiodiagnóstico.
b) Sala de ecografías.
c) Sala de resonancia magnética.
d) Servicio de Medicina Nuclear.

9. ¿Cuál de los siguientes no es un espacio del Área de Urgencias?

a) Boxes de observación.
b) Sala de yesos.
c) Recepción, admisión y registro.
d) Mortuorio.

10. ¿Cuál es el objetivo principal de los dispositivos de urgencias sanitarias?

a) Ofrecer atención sanitaria únicamente a pacientes de gravedad.
b) Brindar atención a los pacientes durante los horarios de visita.
c) Garantizar a los usuarios del Sistema sanitario público una atención sanitaria durante las 24 horas del día.
d) Tratar exclusivamente los procesos que admiten demora.

11. ¿Con qué frecuencia se debe limpiar el área de urgencias al alta de un paciente?

a) Una vez al día.
b) Dos veces al día.
c) Una vez al mes.
d) Se realizarán las labores de limpieza al alta de los enfermos, en cualquiera de los turnos.

12. ¿Cuál es la frecuencia de la limpieza de las ventanas y cristales en el área de urgencias, excluyendo los de las puertas de acceso?

a) Diariamente.
b) Mensualmente.
c) Trimestralmente.
d) Semestralmente.

13. ¿Qué tipo de limpieza se realiza al menos una vez al año en el área de urgencias?

a) Limpieza diaria de rutina.
b) Limpieza al alta de los enfermos.
c) Limpieza trimestral de ventanas.
d) Una limpieza concreta que puede incluir el tratamiento del suelo y la limpieza de luminarias de techos.

14. En un hospital, ¿de qué dirección dependerá el Servicio de Farmacia?

a) Dirección Médica.
b) Dirección de Recursos Humanos.
c) Dirección de Mantenimiento.
d) Dirección de Limpieza.

15. ¿Qué actividad NO se menciona como una de las que se realizan en un servicio de farmacia?

a) Control y dispensación de estupefacientes y psicótropos.
b) Envasado y reenvasado de medicamentos sólidos y líquidos orales.
c) Realización de cirugías experimentales.
d) Preparación de fórmulas magistrales.

En MADTEST tienes **más preguntas de este tema**, y todos tus avances quedan registrados y se reflejan en el ranking.

¡Supera tus límites con MADTEST!

Solución al test n.º 15

1. b) Zonas semicríticas o de medio riesgo.

2. d) Todas ellas no se consideran de medio riesgo.

3. d) Únicamente cuando no tengan aparataje electro médico, material sanitario o/y medicación.

4. b) Desenchufar de la red eléctrica dicho mobiliario por motivos de seguridad.

5. b) Nivel 2.

6. d) En un lugar céntrico del edificio y en la planta baja, cerca de los ascensores centrales.

7. b) Recoger las peticiones de los estudios radiográficos.

8. d) Servicio de Medicina Nuclear.

9. d) Mortuorio.

10. c) Garantizar a los usuarios del Sistema sanitario público una atención sanitaria durante las 24 horas del día.

11. d) Se realizarán las labores de limpieza al alta de los enfermos, en cualquiera de los turnos.

12. c) Trimestralmente.

13. d) Una limpieza concreta que puede incluir el tratamiento del suelo y la limpieza de luminarias de techos.

14. a) Dirección Médica.

15. c) Realización de cirugías experimentales.

TEST N.º 16

La limpieza en zonas hospitalarias de medio riesgo (II). La limpieza de las áreas de hospitalización de pacientes. Metodología de trabajo: identificación del orden para efectuar la limpieza. Limpieza de la sala o estar de enfermería, la sala de preparación de medicación y la lencería. Limpieza de pasillos, de la sala de curas y de despachos. Limpieza de cuartos de aseos y vertederos. Limpieza de las habitaciones

1. ¿Qué técnica se emplea en suelos de pasillos y vestíbulos de hospitalización?

a) Barrido en seco.
b) Fregado con cepillo manual.
c) Limpieza mecanizada.
d) Aspirado en seco.

2. ¿Qué superficies son objeto de limpieza general en hospitalización?

a) Solo suelos y techos.
b) Únicamente mobiliario y armarios.
c) Pavimentos, techos, paredes, rodapiés, puertas, ventanas, cristales, cuadros, escaleras, ascensores, persianas y estores.
d) Solamente aseos.

3. ¿Qué mobiliario debe desenchufarse para su limpieza por motivos de seguridad?

a) Mesillas y sillas.
b) Armarios y vitrinas.
c) Camas y camillas con sus accesorios.
d) Teléfonos y fax.

4. ¿Con qué frecuencia mínima deben limpiarse los aseos y vestuarios en hospitalización?

a) Una vez al día.
b) Una vez por turno.

c) Al menos tres veces en cada turno.
d) Una vez a la semana.

5. ¿Qué tarea se realiza al alta del paciente?

a) Solo cambio de sábanas.
b) Limpieza de cama, colchones, almohadas, mesilla, taquilla, sillón y mobiliario usado.
c) Limpieza únicamente del baño.
d) Únicamente retirada de residuos.

6. ¿Qué frecuencia corresponde a la limpieza de paredes, techos, rodapiés y armarios?

a) Semanal.
b) Mensual.
c) Trimestral.
d) Diaria.

7. ¿Cada cuánto se limpian las ventanas y cristales en hospitalización?

a) Diariamente.
b) Mensualmente.
c) Trimestralmente.
d) Semestralmente.

8. ¿Qué acción corresponde a la limpieza semestral en hospitalización?

a) Cambio de cortinas.
b) Limpieza de techos.
c) Desmontar, limpiar y desinfectar rejillas.
d) Fregado de baños.

9. ¿Qué método se utiliza para fregar y desinfectar suelos de habitaciones?

a) Un solo cubo.
b) Barrido en seco.
c) Doble cubo.
d) Con mopa seca.

10. ¿Por dónde se inicia la limpieza en áreas de hospitalización?

a) Salas de curas.
b) Oficinas administrativas.
c) Zonas limpias como controles de enfermería, zona de lencería, despachos.
d) Retretes y offices.

11. ¿Qué debe cumplirse siempre en la limpieza hospitalaria?

a) De fuera hacia dentro.
b) De abajo hacia arriba.
c) De sucio a limpio.
d) De arriba abajo, de dentro hacia fuera y de limpio a sucio.

12. ¿Qué es la limpieza de mantenimiento?

a) Una limpieza anual profunda.
b) Complemento de la diaria: recogida de residuos, mesas, suelos, aseos y almacenes.
c) Una limpieza solo de techos y paredes.
d) Exclusivamente limpieza de pasillos.

13. ¿Qué se debe hacer en salas blancas hospitalarias?

a) Utilizar mopas comunes sin desinfectar.
b) Limpiarlas con regularidad según procedimientos escritos y aprobados.
c) No usar productos estériles.
d) Limpiar únicamente techos y paredes.

14. ¿Qué requisito tienen los agentes de limpieza en salas de grado A y B?

a) Ser económicos.
b) Estar coloreados.
c) Ser estériles y libres de esporas.
d) Tener fragancia.

15. ¿Qué productos deben usarse periódicamente en salas blancas?

a) Abrillantadores.
b) Ambientadores.
c) Antical.
d) Esporicidas.

En MADTEST tienes **más preguntas de este tema**, y todos tus avances quedan registrados y se reflejan en el ranking.

¡Supera tus límites con MADTEST!

Solución al test n.º 16

1. c) Limpieza mecanizada.

2. c) Pavimentos, techos, paredes, rodapiés, puertas, ventanas, cristales, cuadros, escaleras, ascensores, persianas y estores.

3. c) Camas y camillas con sus accesorios.

4. c) Al menos tres veces en cada turno.

5. b) Limpieza de cama, colchones, almohadas, mesilla, taquilla, sillón y mobiliario usado.

6. b) Mensual.

7. c) Trimestralmente.

8. c) Desmontar, limpiar y desinfectar rejillas.

9. c) Doble cubo.

10. c) Zonas limpias como controles de enfermería, zona de lencería, despachos.

11. d) De arriba abajo, de dentro hacia fuera y de limpio a sucio.

12. b) Complemento de la diaria: recogida de residuos, mesas, suelos, aseos y almacenes.

13. b) Limpiarlas con regularidad según procedimientos escritos y aprobados.

14. c) Ser estériles y libres de esporas.

15. d) Esporicidas.

Cómo acceder al Curso

Limpiador/a
Test del temario

El uso de los códigos **es exclusivo de los compradores de los productos de Editorial MAD**. Cada producto posee un código único y de un solo uso. Es personal e intransferible y da acceso a servicios y contenidos adicionales. Editorial MAD se reserva el derecho de hacer cuantas comprobaciones sean necesarias para identificar al legítimo poseedor del código y dejar de dar servicio a quien haga uso fraudulento del mismo, además de emprender cuantas acciones legales estime oportunas según la legislación vigente.

Deberás acceder a:

mad.es/registro-campus

Si una vez aceptadas las condiciones de uso del Campus decides hacer uso del mismo, necesitarás del siguiente código de acceso junto con los códigos del resto de títulos que se exigen (si fuera el caso):

XEQKPAUVDB